PETER GELLNER TANINA ROTTMANN

Wenn ÄRZTE FEHLER machen

PETER GELLNER TANINA ROTTMANN

Wenn ÄRZTE FEHLER machen

Das Buch zum NR.-1-PODCAST Tatort Krankenhaus

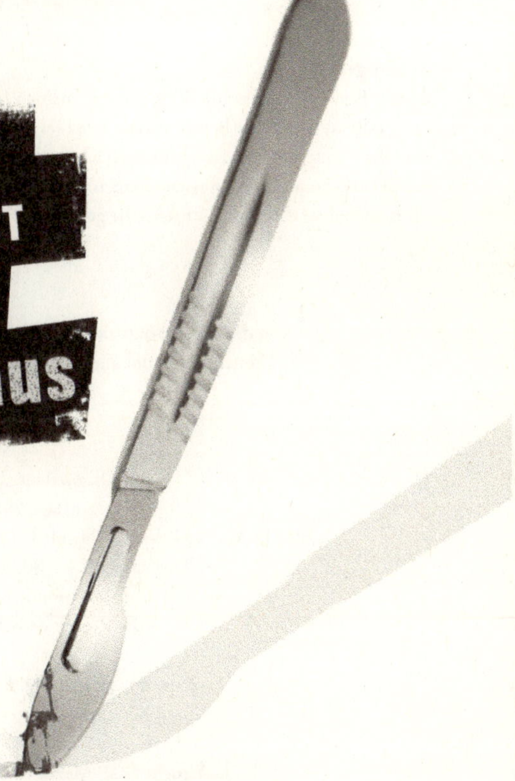

Die spannendsten Fälle eines Patientenanwalts

YES

Wichtiger Hinweis
Dieses Buch dient ausschließlich der allgemeinen Information und stellt keine Rechtsberatung oder medizinische Beratung dar. Trotz sorgfältiger Recherche übernehmen die Autoren und der Verlag keine Haftung für die Richtigkeit, Vollständigkeit oder Aktualität der Inhalte. Rechtliche und medizinische Fragen sollten stets mit einem qualifizierten Anwalt oder Arzt oder einer zuständigen Fachstelle geklärt werden.

Um die Privatsphäre der Betroffenen zu schützen, wurden
Namen, Orte und andere Details im Buch abgeändert.

Originalausgabe
1. Auflage 2025

Türkenstraße 89, 80799 München
info@yes-publishing.de

Umschlaggestaltung: Marija Džafo
Umschlagabbildung: ADragan/Shutterstock.com
Layout und Satz: Daniel Förster
Druck: GGP Media GmbH, Pößneck
Printed in Germany

ISBN Print 978-3-96905-378-2
ISBN E-Book 978-3-96905-379-9

INHALT

VORWORT

Liebe Leserinnen und Leser,

wir freuen uns sehr, Sie zu unserem gemeinsamen Buch *Wenn Ärzte Fehler machen* begrüßen zu dürfen – ein Buch, das aus fast drei Jahrzehnten Erfahrung in zwei unterschiedlichen, sich aber hervorragend ergänzenden Berufsfeldern entstanden ist. Wir, Tanina Rottmann als erfahrene Radiomoderatorin, und Peter Gellner, Fachanwalt für Medizinrecht und seit fast 30 Jahren leidenschaftlicher Patientenanwalt, dürfen euch durch dieses Buch begleiten. Unsere unterschiedlichen Hintergründe – Medien und Recht – wollen wir nutzen, um komplexe Sachverhalte verständlich aufzubereiten und Patientinnen und Patienten sowie medizinische Fachkräfte gleichermaßen anzusprechen.

Peter Gellners Weg in den Bereich des Patientenrechts war ebenso anspruchsvoll wie motivierend. Er durchlief ein intensives juristisches Studium, sammelte zahlreiche praktische Erfahrungen und stellte dabei stets die Interessen und Rechte der Patienten in den Mittelpunkt seiner Arbeit. Seine langjährige Tätigkeit in der Kanzlei hat ihn mit den unterschiedlichsten Facetten von Behandlungsfehlern konfrontiert – von berührenden Einzelfällen bis hin zu erschütternden Mängeln im System. Diese Erlebnisse haben ihn angetrieben, den Patienten nicht nur als juristischer Berater, sondern auch als engagierter Fürsprecher zur Seite zu stehen.

In Peter Gellners langjähriger Arbeit begegnete er immer wieder spannenden Fällen von Behandlungsfehlern – Geschichten, die zu lange im Verborgenen blieben. Ihm wurde bewusst, dass es an der Zeit war, diese

Fälle systematisch zu dokumentieren und der Öffentlichkeit zugänglich zu machen. Schließlich fanden wir mit der Idee zueinander (als ehemalige Nachbarn), aus seinen Fällen doch einen Podcast zu machen. Dabei stand nie der Wunsch im Vordergrund, einzelne Ärztinnen und Ärzte zu verurteilen oder öffentlich an den Pranger zu stellen, sondern vielmehr, gemeinsam zu verstehen, welche Fehler passieren können, und daraus Lehren für die Zukunft zu ziehen. Die Idee, über diese Fälle zu berichten, entsprang also dem Anliegen, authentisch und sachlich aufzuklären sowie einen Beitrag zur Verbesserung der Arzt-Patienten-Kommunikation zu leisten.

Seit März 2024 produzieren wir gemeinsam den Podcast *Tatort Krankenhaus – Wenn Ärzte Fehler machen*, der rasch zu einem Erfolg wurde. Die überwältigende Resonanz von Patienten und medizinischem Fachpersonal hat uns gezeigt, wie groß der Bedarf an Aufklärung und fundierter Information in diesem Bereich ist. Die öffentliche Aufmerksamkeit, das Medieninteresse und der allgemein dringende Wunsch nach mehr Transparenz in der Medizin haben uns den Anstoß gegeben, unsere Erfahrungen in Buchform festzuhalten.

Beim genaueren Hinsehen offenbaren sich in den behandelten Fällen immer wieder ähnliche Muster: Kommunikationsdefizite, unzureichende Aufklärung, systembedingte Versäumnisse und manchmal schlicht menschliches Versagen. Doch in jeder dieser Geschichten schwingt auch eine wertvolle Lehre mit – die Chance, die Behandlungsprozesse nachhaltig zu verbessern. Unsere Absicht ist es, diese wiederkehrenden Muster zu beleuchten, um sowohl Patienten als auch Mediziner für ihre jeweiligen Verantwortlichkeiten zu sensibilisieren.

Dieses Buch richtet sich an alle, die sich mit der Thematik auseinandersetzen möchten – sei es aus eigener Betroffenheit, als Angehörige, als medizinisches Fachpersonal oder auch als juristische Fachkräfte. Unser Ziel ist es, Ihnen ein verlässliches Instrument an die Hand zu geben: Nutzen

Sie die enthaltenen Fallbeispiele, um sich zu informieren, Ihre Rechte besser zu verstehen oder als Grundlage für präventive Maßnahmen in der medizinischen Praxis. Wir wollen nicht nur rechtliche Orientierung bieten, sondern auch dazu anregen, die Arzt-Patienten-Beziehung offener und transparenter zu gestalten.

Es ist keinster Weise das Ziel unseres Buches, das Vertrauen in die Ärzteschaft und in Kliniken zu erschüttern und Menschen von notwendiger medizinischer Behandlung abzuhalten. Geschildert werden tragische Einzelfälle und Fehler, die leider hin und wieder passieren. Uns geht es vielmehr darum, aufzuklären und zu informieren, sodass Sie Ihre Rechte kennen, sollten Sie selbst medizinische Hilfe in Anspruch nehmen.

Wir laden Sie herzlich ein, sich auf eine Reise durch die Welt der Behandlungsfehler einzulassen – eine Reise, die ebenso sehr von Mut und dem Wunsch nach Verbesserung geprägt ist wie von der Erkenntnis, dass jeder von uns einmal als Patient oder als Angehöriger betroffen sein könnte. Mit diesem Buch möchten wir nicht nur informieren, sondern auch dazu anregen, über den Umgang mit Fehlern in der Medizin nachzudenken und gemeinsam Wege zu finden, das Vertrauen zwischen Ärzten und Patienten zu stärken.

Vielen Dank, dass Sie uns auf diesem Weg begleiten. Wir wünschen Ihnen eine aufschlussreiche und inspirierende Lektüre!

Herzlichst
Tanina Rottmann & Peter Gellner

AUGENLASERN IM AKKORD

Christopher ist ein gut aussehender junger Mann, 21 Jahre alt. Seine Freunde nennen ihn den »Womanizer«. Er selbst ist von diesem Spitznamen nicht besonders angetan, aber wenn er ehrlich zu sich ist – sie haben schon recht. Bei Frauen kommt er mit seinem hübschen Gesicht, dem athletischen Körperbau und seiner lockeren Art gut an. Wenn er am Wochenende für seine Fußballmannschaft im Tor kämpft, dann stehen auffallend viele Damen an der Seitenlinie.

Im Grunde findet Christopher das alles sehr angenehm. Aber eine Sache stört ihn ganz gewaltig – seine »schlechten« Augen. Er ist stark kurzsichtig, minus fünf Dioptrien.

Kurzsichtigkeit wird auch Myopie genannt, ein Wort, das sich aus dem Griechischen *myops* ableitet, was in etwa »Blinzelgesicht« bedeutet. Man sieht es oft bei Kurzsichtigen, dass sie ohne Sehhilfe die Augen zu kleinen Schlitzen zusammenziehen, um etwas mehr erkennen zu können.

Christopher trägt eine Brille. Und von der ist er permanent genervt. Sie stört ihn beim Fußballspielen, und sonderlich sexy fühlt er sich damit auch nicht. Er hat es kurz mit Kontaktlinsen versucht, diese aber nicht gut vertragen.

Eine Freundin von Christopher hat sich die Augen »lasern« lassen, und das will er jetzt auch. Er entscheidet sich nach reiflicher Überlegung und umfangreichem Studium der Bewertungen im Internet für eine sogenannte Laser-in-situ-Keratomileusis-Operation – kurz LASIK.

Bei so einer LASIK-Operation wird mit einem Laser die oberste Deckschicht der Hornhaut entfernt und dann mit einem zweiten Laser die Hornschicht abgetragen. Im Idealfall wird dabei der Brechwert der Hornhaut so verändert, dass die Fehlsichtigkeit ausgeglichen ist. Brille ade!

Dieser Eingriff ist auch heutzutage immer noch eine der verbreitetsten Methoden innerhalb der Augenchirurgie.

Christopher stößt im Internet auf ein Unternehmen, das ihm perfekt erscheint. Dort sei man auf LASIK-Operationen spezialisiert. In einem kurzen und netten Telefonat ist ein Termin schnell gefunden. Als Christopher am OP-Tag eintrifft, ist er zuerst verwundert, fast schon schockiert. Das Wartezimmer ist voll besetzt. Er zählt grob durch und kommt auf etwa 50 bis 60 Patienten, die dort auf ihre Augenbehandlung warten.

Augenlasern im Akkord, denkt er sich und ist ein Stück weit beunruhigt. Aber nicht so sehr, dass er an diesem Punkt bereits Reißaus nehmen möchte.

Eigentlich sollte er um 13:00 Uhr operiert werden. Als er endlich an der Reihe ist, ist es schon Abend – kurz nach 20:00 Uhr. Sieben Stunden sind vergangen. Andere Patienten, die einen Termin nach ihm hatten, kommen gar nicht mehr dran, sondern werden mit einem Bus in eine weitere Niederlassung des Unternehmens verbracht – 150 Kilometer entfernt.

Auch das kommt ihm mehr als seltsam vor, dennoch bleibt er. Schließlich hat er schon so lange gewartet. Er will die Operation jetzt »durchziehen«. Und tatsächlich geht es nun endlich los. Christopher erhält ein sedierendes Medikament und eine weitere Medikation, die bewirkt, dass er nichts mehr sehen kann.

Zuerst soll das rechte Auge mit der LASIK-Methode behandelt werden. Dabei wird ein Ring um das Augenlid platziert, damit der Patient nicht mehr blinzelt. Das war zumindest der Stand der Medizin vor etwa zehn Jahren, als sich Christopher der Operation unterzog.

Die Ärzte versuchen drei Mal, die LASIK-Behandlung am rechten Auge durchzuführen, aber es gelingt ihnen nicht, weil der Ring jedes Mal herausspringt. Man trifft die Entscheidung, es zunächst am linken Auge zu versuchen.

Und dort hält der Ring wunderbar. Man versucht es nochmals am rechten Auge, aber wieder springt der Ring ab.

Jetzt entscheidet sich der Arzt um und wählt eine andere Operationsvariante, die mit Christopher so im Vorfeld nicht abgesprochen wurde – die LASEK-Methode. Was der Arzt allerdings nicht bedenkt: Ein Patient muss vor chirurgischen Eingriffen, bei denen der Arzt die ernsthafte Möglichkeit einer Operationserweiterung oder den Wechsel in eine andere Operationsmethode in Betracht ziehen könnte, hierüber und über die damit gegebenenfalls verbundenen Risiken aufgeklärt werden.

Hat der Arzt vor der Operation Hinweise auf eine möglicherweise erforderlich werdende Operationserweiterung unterlassen und zeigt sich intraoperativ, also während des Eingriffs, die Notwendigkeit einer Erweiterung, dann muss er, soweit dies möglich ist, die Operation beenden, den Patienten nach Abklingen der Narkoseeinwirkungen entsprechend aufklären und seine Einwilligung in den weitergehenden Eingriff einholen.

Zurück zur LASEK-Methode. Diese verwendet man, wenn die Hornhaut des Patienten sehr dünn ist. Im Vergleich zur LASIK-Methode wird die Hornhaut nicht mit dem Laser entfernt, sondern eine Alkohollösung auf das Auge aufgetragen und dieses mit einer Folie bedeckt. Die Alkohollösung löst die dünne Zellschicht auf der Oberfläche des Auges. Die Zellen kleben an der Folie und werden sanft aus dem Auge gewischt. Erst dann kommt der Laser zum Einsatz, um die Hornhaut zu behandeln.

Nachdem wie gesagt der Entschluss gefasst wurde, die LASEK-Methode anzuwenden, wird Christopher, der noch immer durch die Medikamente benommen ist und nichts sehen kann, in einen anderen Raum geführt, wo er etwas unterschreiben soll. Dabei handelt es sich offenbar um die Einwilligungserklärung für eine LASEK-Behandlung. Christopher unterschreibt das Formular zu diesem Zeitpunkt wortwörtlich blind. Eine anwesende Arzthelferin führt ihm dabei die Hand.

Dass dies in rechtlicher Hinsicht nicht ausreichend sein kann, ist offensichtlich. Oftmals denkt der Laie, dass er sich mit seiner Unterschrift unter den Aufklärungsbogen aller Rechte enthoben hätte. Dem ist bei Weitem nicht so. Es ist stets auch ein mündliches Aufklärungsgespräch erforderlich. Dabei muss sich dieses am individuellen Risikoprofil des Patienten orientieren. Verharmlost das Aufklärungsformular beispielsweise spezifische Risiken, die bei dieser Behandlung auftreten können, dann trifft die Ärztin oder den Arzt ein Aufklärungsversäumnis. Der Patient erhält eine Fehlvorstellung über den Eingriff und die damit verbundene Komplikationsgefahr.

Hartnäckig hält sich auch das Gerücht, es müssten zwischen Operation und Aufklärung mindestens zwei Stunden liegen.

Nach der höchstrichterlichen Rechtsprechung sieht die maßgebliche Bestimmung in § 630e BGB keine nach der Einwilligung einzuhaltende »Sperrfrist« vor, deren Nichteinhaltung zur Unwirksamkeit der Einwilligung führen würde. Sie enthält kein Erfordernis, wonach zwischen Aufklärung und Einwilligung ein bestimmter Zeitraum liegen müsste, sondern kodifiziert die bisherige Rechtsprechung, der zufolge der Patient vor dem beabsichtigten Eingriff so rechtzeitig aufgeklärt werden muss, dass er durch hinreichende Abwägung der für und gegen den Eingriff sprechenden Gründe seine Entscheidungsfreiheit und damit sein Selbstbestimmungsrecht in angemessener Weise wahrnehmen kann.

Dass hier aber keine Abwägung seitens Christopher möglich war, daran ließ auch das Gericht im nachfolgenden Prozess – um dies vorwegzunehmen – nicht den geringsten Zweifel.

Christopher wird nach seiner »Blind-Unterschrift« wieder in den Behandlungsraum geführt, und es wird an beiden Augen eine LASEK-Behandlung durchgeführt. Mit dem Erfolg, dass es keinen Erfolg gab.

Christophers Sehvermögen ist seit der Operation massiv reduziert. Und auch zahlreiche Nachbehandlungen konnten sein Sehvermögen nicht verbessern – heute liegt seine Sehschärfe nur noch bei 30 Prozent auf beiden Augen. Und nicht nur das: Die LASEK-OP hat zu erheblichen Schäden geführt. Es sind Narben an der Hornhaut entstanden. Er klagt nach der Operation lange Zeit über Kopfschmerzen und Schwindel. Fußball spielt er heute gar nicht mehr.

Eine außergerichtliche Verständigung mit dem Unternehmen, das offensichtlich im Akkord Patienten behandelt und operiert, konnte nicht erzielt werden, sodass eine gerichtliche Klärung erforderlich wurde.

Im Rahmen des Gerichtsverfahrens wurde das Gutachten eines renommierten Augenarztes eingeholt. Er stellte im Rahmen seiner Begutachtung fest, dass es durch die LASEK-Behandlung fehlerhaft und dem Arzt vorwerfbar zu schweren Veränderungen mit Narbenbildung und Trübungen gekommen sei und letztendlich auch eine Brille oder Kontaktlinsen keine Kompensation mehr herbeiführen könnten. Letztlich könne nur eine nicht risikofreie Hornhauttransplantation das Ergebnis positiv beeinflussen.

In rechtlicher Hinsicht führte zudem die erhobene Aufklärungsrüge aus den genannten Gründen zur positiven Feststellung eines Behandlungsfehlers. Tatsächlich stellt das Unterlassen einer therapeutischen Aufklärung auch einen Behandlungsfehler dar. Damit hat der Patient – aus seiner Sicht: leider – grundsätzlich den Beweis zu führen, dass ein medizinisch erforderlicher therapeutischer Hinweis nicht erteilt wurde und es dadurch bei ihm zum Eintritt eines Schadens gekommen ist.

Vor Gericht konnte schlussendlich das verklagte Unternehmen, das für Christophers Augen-OP verantwortlich war, von der Fehlerhaftigkeit seines Handelns überzeugt werden, sodass es sich auf eine Vergleichszahlung in Höhe von 50 000 Euro einließ. Letztlich ist das nur ein schwacher Trost für Christopher, der sich beim nächsten Mal nicht unter Druck setzen lassen, sondern sich die Zeit nehmen wird, um eine abgewogene und richtige Entscheidung zu treffen. Denn nicht nur das Für und Wider einer Operation gilt es abzuwägen, sondern auch die Anforderungen der Rechtsprechung an den Zeitpunkt der Aufklärung sind nicht ohne Grund in jahrzehntelanger Praxis ausgestaltet worden.

Die Aufklärung hat stets vor der Durchführung einer ärztlichen Maßnahme zu erfolgen. Abgesehen von Notfällen muss der Moment dabei so gewählt werden, dass dem Patienten genügend Zeit bleibt, die Vor- und Nachteile eines Eingriffs abzuwägen und sich frei zu entscheiden. Bei stationären Behandlungen genügt grundsätzlich eine Aufklärung am Vortag des Eingriffs. Eine Aufklärung am Vorabend reicht nach ständiger Rechtsprechung hingegen zumeist nicht aus, um die Entscheidungsfreiheit des Patienten zu gewährleisten; es sei denn, die Aufklärung erfolgt unmittelbar nach der Aufnahme zur stationären Behandlung und der Patient äußert den Wunsch, bereits am folgenden Tag operiert zu werden.

Bei ambulanten Behandlungen muss differenziert werden: Der medizinische Fortschritt erlaubt heute ambulante Eingriffe, die weder einfach noch mit geringen Risiken behaftet sind. Bei kleineren ambulanten Eingriffen kann die Aufklärung daher am Tag des Eingriffs noch rechtzeitig erfolgen, wenn zwischen Aufklärung und operativer Phase ein gewisser zeitlicher Abstand liegt. Bei größeren, risikoreicheren ambulanten Eingriffen ist eine Aufklärung am Tag des Eingriffs hingegen in aller Regel verspätet.

Aber: Nicht jede späte Aufklärung macht die Einwilligung in eine ärztliche Behandlung unwirksam. Vielmehr hat der Patient in der Regel darzulegen, weshalb ihn der späte Zeitpunkt der Aufklärung in seiner Entscheidungsfreiheit und seinem Selbstbestimmungsrecht beeinträchtigt hat.

Im Rahmen der Aufklärung heißt es also: Augen auf!

STIMMBANDLÄHMUNG

Verliebte haben gefühlt Schmetterlinge im Bauch. Anatomisch gesehen befindet sich zumindest einer im vorderen Bereich des Halses, nämlich die Schilddrüse, die unterhalb des Adamsapfels sitzt. Es ist ein kleines Organ und sieht mit ihren zwei Seitenlappen und dem verbindenden Mittellappen einem Schmetterling sehr ähnlich. Die beiden Seitenlappen schmiegen sich an die Luftröhre und sind unter dem Schildknorpel miteinander verbunden. Bei Erwachsenen ist die Schilddrüse ungefähr so groß wie eine Walnuss, bei Frauen wiegt sie bis zu 18 Gramm, bei Männern bis zu 25 Gramm. Die Schilddrüse spielt eine entscheidende Rolle im Stoffwechsel des Körpers, da sie Hormone produziert, die viele Körperfunktionen regulieren.

Viele Menschen leiden unter einer Unter- oder einer Überfunktion der Schilddrüse. Bei einer Unterfunktion werden nicht genügend Hormone produziert. Symptome können Müdigkeit, Gewichtszunahme, Kälteempfindlichkeit und auch Depressionen sein. Bei einer Überfunktion werden hingegen zu viele Hormone produziert. Symptome können Gewichtsverlust, Nervosität, Schlaflosigkeit sowie ein erhöhter Herzschlag sein.

Mitunter treten auch Schilddrüsenknoten auf. Dabei handelt es sich um Vergrößerungen oder Tumore in der Schilddrüse, die gutartig oder bösartig sein können.

Bei Erika, 51 Jahre alt, werden bei einem Krankenhausaufenthalt gleich zwei dieser Knoten im Bereich ihrer Schilddrüse festgestellt.

Erika, die seit mehr als 25 Jahren mit Friedrich verheiratet ist und eine erwachsene Tochter hat, die im Ausland lebt, musste sich schon zehn Jahre zuvor einer doppelseitigen Schilddrüsenresektion unterziehen, sodass bei ihr nur noch eine Restschilddrüse vorhanden ist.

Die Ärzte diagnostizieren bei ihr zwei kalte Knoten. Schilddrüsenknoten sind abnormale Wucherungen in der Schilddrüse, die in zwei Hauptkategorien unterteilt werden: kalte und warme Knoten. Diese Unterscheidung basiert auf der Funktionalität der Knoten und ihrer Fähigkeit, Schilddrüsenhormone zu produzieren.

Kalte Knoten sind Bereiche der Schilddrüse, die keine oder nur sehr geringe Mengen an Schilddrüsenhormonen produzieren. Sie haben in aller Regel ein höheres Risiko, bösartig zu sein, weshalb sie weiter untersucht werden müssen. Warme Knoten sind Bereiche der Schilddrüse, die übermäßig aktiv sind und mehr Schilddrüsenhormone produzieren als das umliegende Gewebe.

Warme Knoten sind in der Regel gutartig und haben ein geringeres Risiko für eine bösartige Entartung. Sie können jedoch zu einer Überfunktion der Schilddrüse führen.

Die Behandlung von kalten und warmen Knoten hängt von verschiedenen Faktoren ab, einschließlich der Größe des Knotens, seiner Funktionalität und ob er Symptome verursacht oder nicht.

Wenn ein kalter Knoten, wie er bei Erika vorliegt, als verdächtig eingestuft wird, wird zumeist empfohlen, den Knoten chirurgisch entfernen zu lassen. So auch bei Erika: Die Ärzte halten eine regelmäßige Überwachung ohne OP nicht für sinnvoll, sondern empfehlen den operativen Eingriff. Der erfolgt dann auch etwa einen Monat später im selben Krankenhaus in ihrer Heimatstadt.

Am Abend vor der OP erhält Erika zusätzlich zum Aufklärungsgespräch mit dem Arzt ein »Merkblatt über die »Kropfoperation«.

In dem Merkblatt wird unter der Überschrift »Mögliche Komplikationen« erklärt: »Wegen der engen Nachbarschaft der Schilddrüse zu anderen Organen (zum Beispiel der Luftröhre) sowie Nerven und wichtigen Blutgefäßen lassen sich Nebenverletzungen nicht mit letzter Sicherheit ausschließen. Nach der Operation gelegentlich auftretende Heiserkeit, Sprach- und Atemstörungen bilden sich meist zurück, insbesondere wenn sie nur auf Schleimhautschwellungen beruhen. Bleibende Schäden eines oder beider Stimmbandnerven sind selten.«

Erika unterzeichnet dieses Formular und händigt es der Stationsschwester wieder aus.

Am nächsten Tag wird sie wie geplant operiert und die Knoten an der Restschilddrüse werden entfernt. Bei dieser Operation passiert allerdings, was nicht geschehen sollte: Bei Erika werden die linken Stimmbandnerven verletzt. Das hat zur Folge, dass sie nach dem Eingriff permanent heiser ist. Sie klingt, als hätte sie gerade eine starke Erkältung hinter sich.

Auch nach Wochen hat sich ihr Zustand nicht verbessert. In den anschließenden Untersuchungen stellt sich heraus, dass Erika an einer Stimmbandlähmung leidet. Im anwaltlichen Erstgespräch versichert sie glaubhaft, dass sie über dieses Risiko weder bei der ambulanten Behandlung einen Monat zuvor noch während ihrer stationären Aufnahme unterrichtet worden sei.

Der Fall landet vor Gericht. Im Prozess ergibt das eingeholte medizinische Fachgutachten, dass die Nervenverletzung nicht auf einen ärztlichen Fehler zurückzuführen ist, sondern sich ein der Operation immanentes Komplikationsrisiko verwirklicht hat. An diesem Punkt geht es allein darum, ob Erika hinreichend über die Risiken des Eingriffs aufgeklärt wurde oder ob dem Krankenhausarzt eine Aufklärungspflichtverletzung vorzuwerfen ist. Falls ja, könnte Erikas Klage erfolgreich ausfallen und der Krankenhausträger müsste haften.

Wie wir im vorherigen Kapitel bereits gelesen haben, stellt sich in juristischen Auseinandersetzungen oftmals die Frage, wann – in zeitlicher Hinsicht – ein Patient aufgeklärt werden muss.

Losgelöst von Erikas Situation stellt sich die allgemeine Rechtslage wie folgt dar: Maßgeblich ist die gefestigte Rechtsprechung des Bundesgerichtshofs, der die Auffassung vertritt, dass die Vorschrift des § 630e Abs. 2 Satz 1 Nr. 2 BGB kein Erfordernis enthält, wonach zwischen Aufklärung und Einwilligung ein bestimmter Zeitraum liegen muss. Ist die Aufklärung ordnungsgemäß – insbesondere rechtzeitig – erfolgt, ist es Sache des Patienten, zu welchem konkreten Zeitpunkt er seine Entscheidung über die Erteilung oder Versagung der Einwilligung trifft. Sieht er sich zu dieser Entscheidung bereits nach dem Aufklärungsgespräch in der Lage, so ist es sein gutes Recht, die Einwilligung sofort zu erteilen. Braucht er allerdings noch Bedenkzeit, so kann von ihm grundsätzlich erwartet werden, dass er dies gegenüber dem Arzt zum Ausdruck bringt und von der Erteilung einer – etwa im Anschluss an das Gespräch erbetenen – Einwilligung zunächst absieht. Tut er das nicht, so kann der Arzt grundsätzlich davon ausgehen, dass der Patient keine weitere Überlegungszeit benötigt. Eine andere Beurteilung ist dann geboten, wenn für den Arzt erkennbare Anhaltspunkte dafür gegeben sind, dass der Patient noch Zeit für seine Entscheidung benötigt (zum Beispiel bei besonders eingeschränkter Entschlusskraft), oder wenn dem Patienten erst gar nicht die Möglichkeit gegeben wird, weitere Überlegungszeit in Anspruch zu nehmen.

Und wir bleiben noch kurz ganz nah am Gesetzestext:

Die Aufklärung kann in bestimmten Fällen teilweise oder sogar vollständig entbehrlich sein. Eine unterlassene, unvollständige oder verspätete Aufklärung führt nicht zur Haftung des Arztes, wenn der Patient auch bei ordnungsgemäßer Aufklärung in den konkreten Eingriff eingewilligt hätte. Doch wann ist das der Fall?

Bevor ein Arzt einen Patienten behandelt, muss er ihn untersuchen und ihm seine Diagnose sowie den voraussichtlichen Verlauf der Krankheit in behandelter und auch unbehandelter Form mitteilen. Der Patient muss erfahren, welche Chancen und Risiken mit der geplanten Therapie einhergehen, welche Alternativen es gibt und welche Folgen die unterschiedlichen Behandlungsvarianten für ihn persönlich haben können. Nur so kann der Patient eine informierte Entscheidung treffen und wirksam in seine medizinische Versorgung einwilligen.

Eigentlich. Denn in der Medizin gibt es immer wieder Fälle, in denen eine solch umfassende Aufklärung nicht möglich ist. Wenn etwa ein bewusstloser Patient nach einem Unfall ins Krankenhaus eingeliefert wird, ist ein informatives Gespräch natürlich ausgeschlossen. In so einem Fall darf der Arzt eine Behandlung ausnahmsweise ohne Aufklärung durchführen, allerdings nur, wenn anzunehmen ist, dass ein verständiger Patient nach einer umfassenden Information über die Chancen und Risiken in den Eingriff eingewilligt hätte.

Von einer solchen mutmaßlichen Einwilligung ist auch auszugehen, wenn ein Arzt während einer Operation feststellt, dass er mehr tun muss, als im Aufklärungsgespräch besprochen wurde. Das sind dann Maßnahmen, um das Leben des Patienten zu retten oder dessen Heilungschancen zu verbessern. Das gilt zumindest, wenn die Unterlassung der Behandlung medizinisch unvertretbar wäre.

Die Möglichkeit, eine mutmaßliche Einwilligung anzunehmen, stellt Ärzten aber keineswegs einen Persilschein zum eigenmächtigen Handeln aus. Um einen medizinischen Eingriff auf diese Weise zu legitimieren, muss die Maßnahme erstens dazu dienen, gesundheitliche Gefahren abzuwenden. Zudem müssen diese Gefahren deutlich schwerer wiegen als die Risiken, die mit dem Eingriff verbunden sind. So darf ein Arzt während eines chirurgischen Eingriffs die stillschweigende Einwilligung in eine OP-Erweiterung voraussetzen, wenn ein erneuter, nach weitergehender Aufklärung des Patienten durchgeführter Eingriff eine wesentlich ungünstigere Risiko-Nutzen-Prognose hätte. Allerdings muss ein Patient von Anfang an über das Risiko einer Operationserweiterung aufgeklärt werden, wenn eine solche Erweiterung vorhersehbar ist. Spätestens an dieser Stelle wird klar, wie wichtig eine ausführliche Aufklärung vor einem Eingriff ist.

Neben der mutmaßlichen Einwilligung gibt es auch die Rechtsfigur der sogenannten hypothetischen Einwilligung (630h Abs. 2 Satz 2 BGB). Auch in diesem Fall ist ein Eingriff, der ohne Einwilligung des Patienten erfolgt, ausnahmsweise rechtmäßig. Voraussetzung ist, dass der Patient bei ordnungsgemäßer Aufklärung den Eingriff in gleicher Weise vom selben Arzt hätte durchführen lassen. Mit dem Instrument der hypothetischen Einwilligung soll der Gefahr vorgebeugt werden, dass Patienten ein Aufklärungsversäumnis nachträglich missbrauchen, um einen Schadensersatzanspruch gegen ihren Arzt zu begründen. Will der Patient die Annahme einer solchen Einwilligung entkräften, muss er plausibel darlegen, dass er bei ordnungsgemäßer Aufklärung in einen echten Entscheidungskonflikt geraten wäre und sich womöglich gegen den Eingriff entschieden hätte oder zumindest überlegt hätte, eine Zweitmeinung einzuholen oder sich zur weiteren Behandlung in ein spezialisierteres Krankenhaus zu begeben.

Wie aber ist es konkret in Erikas Prozess weitergegangen?

In erster Linie: langwierig. Das Verfahren zog sich insgesamt über einen Zeitraum von deutlich mehr als zehn Jahren, in denen irgendwann nicht mehr über eine Schadensumme in D-Mark, sondern in Euro verhandelt wurde.

Das in erster Instanz angerufene Landgericht wies die Klage von Erika ab. Sie legte Berufung ein, woraufhin ihr das zweitinstanzlich zuständige Oberlandesgericht vollumfänglich recht gab.

Das Oberlandesgericht ließ aber, was eher selten ist, die Revision zum Bundesgerichtshof zu. Dieses Rechtsmittel wurde von der Behandlerseite dann auch ergriffen. Die Revision führte schließlich zur Aufhebung des Urteils des Oberlandesgerichts und zur Zurückweisung an einen anderen Senat desselbigen Oberlandesgerichts. Dieser neue Senat ging nach erneuter Verhandlung von einer hypothetischen Einwilligung Erikas aus und wies die Berufung zurück. Diese Entscheidung wurde rechtskräftig und Erika verlor den Prozess.

Der BGH hatte zwar festgestellt, dass die angegebene Risikohöhe von Stimmbandverletzungen vom Fachmediziner im ausgehändigten Merkblatt nicht ausreichend zum Ausdruck gekommen ist und dadurch bei Erika der Eindruck entstehen konnte, dass keine ernstzunehmende Gefahr für ihre Stimmbänder zu erwarten war.

Sie habe aber nicht zur Überzeugung des Gerichts klarmachen können, dass sie bei ordnungsgemäßer Aufklärung zumindest in einen Entscheidungskonflikt dahingehend geraten wäre, ob sie die Operation nicht oder in einem anderen Krankenhaus hätte durchführen lassen. Dies sei jedoch erforderlich, um die hypothetische Einwilligung entfallen zu lassen.

Daher war das Urteil des Berufungsgerichts zur erneuten Verhandlung an einen anderen Senat zurückzuverweisen. Auch in diesem Verfahren konnte Erika das Gericht, wie bereits erwähnt, nicht von einem bei ihr vorherrschenden Entscheidungskonflikt überzeugen. Das Gericht ging davon aus, dass sie sich auch bei vollständiger und ordnungsgemäßer Aufklärung nicht gegen, sondern für eine Operation im beklagten Krankenhaus entschieden hätte.

TÖDLICHE VERWECHSLUNG

Schon die Überschrift zu diesem Kapitel lässt leider keinen Zweifel daran, dass der Patient, um den es hier geht, nicht überleben wird. Er stirbt, weil sein behandelnder Arzt einen fatalen Fehler begeht. Einen Fehler, den der Arzt unumwunden zugibt und bitterlich bereut.

Opfer des zugestandenen Fehlers ist in diesem Fall Robert, dessen Leidensgeschichte sich äußerst dramatisch und bewegend darstellt. Robert ist 1970 geboren. Er arbeitet sein ganzes Berufsleben lang als Versicherungsberater. Seit 30 Jahren ist er glücklich mit seiner Frau Ilona, einer Friseurmeisterin mit eigenem Salon, verheiratet. Die beiden haben zwei erwachsene Töchter, wobei die eine noch studiert und die andere gerade ihre Ausbildung zur Einzelhandelskauffrau abgeschlossen hat.

Robert hat zwei sehr schmerzvolle Jahre hinter sich. Seine Mutter und auch sein Vater sind an Krebs verstorben. Robert und Ilona haben sich intensiv um Roberts Eltern gekümmert. Sie waren bei ihnen, als sie im Hospiz verstarben. Robert vermisst seine Eltern sehr. Die ganze Familie war sehr eng miteinander verbunden.

Im Dezember kommt Robert nach einem langen Arbeitstag aus dem Büro nach Hause, er hat viel gesessen, und Ilona bemerkt, dass er ein wenig, fast unscheinbar, humpelt. Er sagt ihr, er verspüre starke Schmerzen in beiden Beinen, das sei allerdings schon seit ein paar Tagen so. Ilona ist die »Kümmerin« in der Familie. Sie organisiert einen Termin bei ihrem langjährigen Hausarzt, und Robert kann wegen der akuten Schmerzen direkt am nächsten Tag in der Praxis vorstellig werden.

Dort werden diverse Untersuchungen durchgeführt. Man nimmt ihm unter anderem Blut ab. Am Tag darauf liegen die Laborergebnisse vor – sie zeigen erhöhte Entzündungswerte.

Es gibt zahlreiche Entzündungsparameter, also Werte, die bei Infektionen, Entzündungen und Gewebeschäden erhöht sind. Zu den verschiedenen Entzündungswerten, die mit Hilfe einer Laboruntersuchung des Blutes festgestellt werden können, zählen im Wesentlichen drei Messwerte: die Konzentration des C-reaktiven Proteins (CRP), die Blutsenkungsgeschwindigkeit und die Zahl der weißen Blutkörperchen (Leukozyten). Gerade der CRP-Wert ist landläufig als der maßgebliche Entzündungsparameter bekannt. Bei gesunden Personen ist die Konzentration von CRP im Blut normalerweise sehr niedrig. Die CRP-Konzentration erhöht sich bei bakteriellen Infektionen deutlich, während Virusinfektionen nur eine sehr geringe oder gar keine Erhöhung verursachen. Es ist zu beachten, dass die verwendete Maßeinheit mitunter zwischen den diversen medizinischen Einrichtungen variiert. Nämlich einmal Milligramm pro Liter (mg/l) und zum anderen Milligramm pro Deziliter (mg/dl). Der oftmals als Normal- oder Grenzwert angenommene Wert »bis 5« gilt für Milligramm pro Liter, nicht für Milligramm pro Deziliter.

Der Hausarzt verschreibt Robert wegen der hohen Entzündungswerte ein Antibiotikum. Die Behandlung hat aber leider keinen Erfolg. Roberts Beschwerden bleiben, seine erhöhten Entzündungswerte auch. Drei Monate nach dem ersten Besuch beim Hausarzt wird Robert stationär im Krankenhaus aufgenommen. Man will endlich Klarheit hinsichtlich der Diagnose und Ursache gewinnen. Bis dahin war es mehr oder weniger ein Rätselraten.

Im Krankenhaus wird dann zum ersten Mal ein Verdacht geäußert, vor dem die meisten Menschen riesige Angst haben: Es könnte Krebs sein. Bei Robert wird Leukämie vermutet. Der Begriff Leukämie bezeichnet verschiedene bösartige Erkrankungen des blutbildenden Systems, die umgangssprachlich als Blutkrebs bezeichnet werden. Alle Leukämien haben die Bildung von bösartigen Blutkörperchen gemeinsam. Anders als gesunde weiße Blutkörperchen vermehren sich die Leukämiezellen unkontrolliert und verdrängen die gesunde Blutbildung im Knochenmark.

Bedauerlicherweise bestätigt sich bei Robert dieser Anfangsverdacht nach mehreren weiteren Untersuchungen, die auf der onkologischen Station des Krankenhauses durchgeführt werden.

Robert beginnt eine Chemotherapie, die er größtenteils gut verträgt. Die erlösende Nachricht kommt fünf leidvolle Monate später: Er ist krebsfrei. Es geht ihm gut und die Schmerzen in den Beinen gehören der Vergangenheit an. Robert, Ilona und die beiden Töchter sind dankbar und glücklich. Vor allem, dass Robert das schwere Schicksal seiner an Krebs verstorbenen Eltern nicht teilen muss.

So weit, so überaus erfreulich.

Jetzt ist zu erwähnen, dass Robert während der Chemotherapien diverse intrathekale, also in das Gehirnwasser (Liquor) verabreichte Gaben von MTX (Methotrexat) bekommen hat. MTX gehört zu den wichtigsten Mitteln gegen Krebserkrankungen und – in niedriger Dosis – gegen Schuppenflechten, rheumatoide Arthritis und entzündliche Darmerkrankungen. Der Wirkstoff gilt allgemein als gut verträglich, kann in seltenen Fällen aber zu Schleimhautentzündungen und Störungen der Blutbildung führen.

Diesen Arzneistoff soll Robert jetzt nach Abschluss seiner Chemotherapie nochmals erhalten. Er kann als Infusion in eine Vene (intravenös, i.v.), in sehr geringen Dosen wie bei Robert intrathekal (i.th.) oder als Tablette (per os) verabreicht werden.

Und bei dieser Verabreichung in das Nervenwasser passiert ein verhängnisvoller Fehler: Robert bekommt ein anderes, ein falsches Medikament verabreicht. Die Medikamentenverwechslung wird ihn sein Leben kosten.

Robert hat bei der CT-gesteuerten, also per Computertomografie live mitverfolgten Lumbalpunktion das Medikament »Vindesin« erhalten. Vindesin ist ein gängiges und nicht selten verwendetes Chemotherapeutikum und Zytostatikum, das in der Behandlung von Krebserkrankungen eingesetzt wird und ausschließlich intravenös verabreicht werden darf.

Es ist völlig unstrittig, dass Robert dieses Medikament – in der gewählten Darreichungsform – auf keinen Fall hätte bekommen dürfen.

Dem Krankenhauspersonal fällt der Fehler allerdings erst nach mehreren Stunden auf. Die Aufregung ist groß, und es werden sofort verschiedene Maßnahmen ergriffen, um den Schaden zu verringern und im günstigsten Fall vollständig zu beseitigen.

Es wird eine erneute Punktion veranlasst, bei der 20 Milliliter Liquor abgelassen werden. Zudem wird eine Injektion von 4 Milligramm Dexamethason (wirkt entzündungshemmend und dämpfend auf das Immunsystem) vorgenommen. Die Ärzte verlegen Robert auf die Intensivstation, dort wird er engmaschig überwacht. Am Folgetag erfolgt eine weitere Liquorpunktion. In der Folge führen die Ärzte mehrfach Lumbalspülungen durch, um das Vindesin, das sich natürlich schon – bildlich gesprochen – bis in die kleinste Ritze verteilt hatte, auszuspülen.

Das Fatale an dieser falschen Medikamentengabe ist, dass das Vindesin im Regelfall nicht vollständig wirkungslos gemacht werden kann, auch mit einer Vielzahl von Spülungen nicht, die weiterhin bei Robert durchgeführt werden. Man kann es dem Körper nicht wieder vollständig entnehmen.

Die Medikamentenverwechslung wird, was leider nicht immer der Fall ist, in Roberts Patientenunterlagen ausdrücklich vermerkt. Niemand im Krankenhaus hat an diesem Punkt von Roberts Behandlung versucht, irgendetwas zu vertuschen.

Wie schlimm es tatsächlich um Robert steht, erfährt er in einem persönlichen Gespräch mit seinem Arzt, bei dem auch seine älteste Tochter dabei ist. Der Arzt erklärt ihnen, dass es bei Robert nur mit sehr viel Glück allein bei neurologischen Schäden bleiben werde – wie Lähmungen, Locked-in-Syndrom oder einer Polyneuropathie. Alles sehr schlechte Aussichten. Bei dem drohenden Locked-in-Syndrom würde Robert in einen Zustand verfallen, in dem er oftmals wach und bei Bewusstsein ist, seinen Körper aber nicht bewegen und sich auch nicht mitteilen kann. Käme noch eine Polyneuropathie dazu, würde das bedeuten, dass Robert unter extremen Nervenschmerzen leiden würde.

Diese fürchterliche Perspektive erhält Robert bei vollem Bewusstsein und mit dem Wissen, dass man dagegen nichts mehr tun kann. An dieser Stelle sei noch einmal daran erinnert: Robert hat eine Krebserkrankung erfolgreich bekämpft, er hat wieder Ziele in seinem Leben gehabt, und infolge der falschen Medikamentengabe sieht er sich nun einer erschütternden Diagnose ausgesetzt: Im besten Fall wird er »nur« zum Pflegefall.

Und das ist ja noch nicht das Ende. Nachdem Robert die Nachricht vom Arzt erhalten hat, spricht dieser noch einmal allein mit seiner Tochter, und bei ihr wird er noch deutlicher. Er teilt ihr mit, dass ihr Vater mit großer Wahrscheinlichkeit bald sterben wird.

Robert ist zwei Monate später tatsächlich an den Folgen der Medikamentenverwechslung leidvoll verstorben.

In einem solchen Fall wird stets von Amts wegen ein strafrechtliches Ermittlungsverfahren eingeleitet, um dem im Raum stehenden Vorwurf einer strafbaren fahrlässigen Tötung nachzugehen. Nachgelagert oder auch parallel verfolgen die Erben dann die bestehenden zivilrechtlichen Schadensersatzansprüche. Wichtig zu wissen: Das staatsanwaltschaftliche Ermittlungsverfahren stoppt die zivilrechtliche Verjährung nicht. Daher sollte man sich nicht allzu viel Zeit lassen, um die zivilrechtliche Angelegenheit anzustoßen. Im Fall von Robert haben beide Verfahren noch keinen Abschluss gefunden. Es wird aber zweifelsohne zu einer strafrechtlichen Sanktion und einer Schadensersatzzahlung kommen. Möglicherweise auch zu berufsrechtlichen Konsequenzen für das verantwortliche medizinische Personal.

Wie nun stellt sich ein solcher Vorfall für den behandelnden Arzt dar? Darf oder muss er den Fehler, der ihm unterlaufen ist, unumwunden zugeben? Man sollte meinen, dass hier der »moralische Kompass« eines Arztes oder einer Ärztin ausschlaggebend ist. Tatsächlich mag die Moral auf der persönlichen Ebene eine Rolle spielen, aber es ist der Haftpflichtversicherer, der die Spielregeln bestimmt.

Eine Haftpflichtversicherung formuliert vertragliche Vorgaben an das Verhalten eines Arztes im Schadensfall oder auch nur bei einem potenziellen Schadensfall. Dazu muss der Arzt bestimmte Obliegenheiten erfüllen, um seinen Versicherungsschutz nicht zu verlieren. Aus den Versicherungsverträgen ergibt sich aber nicht im Einzelnen, wie sich der Arzt im Ernstfall verhalten soll und was er sagen oder nicht sagen darf.

Vor mehr als 15 Jahren fügte der Gesetzgeber die Vorschrift des § 105 in das Versicherungsvertragsgesetz (VVG) ein. Damit entfiel das Anerkenntnis- und Befriedigungsverbot, dem der Arzt bis dahin unterlag. Nach der geänderten Rechtslage darf er seitdem einen gegen ihn erhobenen Haftpflichtanspruch anerkennen, wenn er ihn für begründet hält – ohne deshalb den Deckungsanspruch gegenüber dem Haftpflichtversicherer zu verlieren. § 630c Abs. 2 S. 2 BGB verpflichtet ihn auch dahingehend, wenn es dort heißt: »Sind für den Behandelnden Umstände erkennbar, die die Annahme eines Behandlungsfehlers begründen, hat er den Patienten über diese auf Nachfrage oder zur Abwendung gesundheitlicher Gefahren zu informieren.«

Doch jetzt kommt die Kehrseite der Medaille für den Arzt. Denn die Versicherung wird den Arzt darauf hinweisen, dass nach den Allgemeinen Bedingungen für die Haftpflichtversicherung ein ohne rechtliche Verpflichtung abgegebenes Anerkenntnis oder eine geleistete Zahlung nur im Umfang der tatsächlichen Rechtslage bindet. Der Arzt müsste dann, wenn er vom Versicherer freigestellt werden will, seiner Versicherung nachweisen, dass er zu Recht die Forderung des Patienten anerkannt und beglichen hat. Faktisch führt dies zu einer Beweislastumkehr zulasten des Arztes im Verhältnis zu seiner Versicherung.

Üblicherweise liegt die Beweislast beim Patienten. Erkennt der Arzt – ohne Not – die Ansprüche des Patienten an, muss er seiner Versicherung nachweisen, dass er dies zu Recht gemacht hat. Dies ist eine faktische Beweislastumkehr. Die Versicherung muss den Patienten nämlich nur entschädigen, wenn dieser den Fehler beweist.

Daher ist der Arzt, was der Intention der Gesetzesänderung im Ergebnis zuwiderläuft, rechtlich gut beraten, den Anspruch, selbst wenn er ihn für begründet hält, nicht anzuerkennen, sondern auf seine Versicherung zu verweisen. Aus Patientensicht ein in höchstem Maße unbefriedigendes Ergebnis. Denn die faktischen Folgen sind die gleichen wie beim früheren Anerkenntnisverbot, das der Gesetzgeber an sich abschaffen wollte.

§ 105 VVG normiert aber trotzdem kein vollständiges juristisches Redeverbot. Der Arzt kann und soll den Behandlungsverlauf erklären. Er ist trotz des bestehenden Versicherungsvertrages nicht verpflichtet oder gar berechtigt, Tatsachen zu unterdrücken oder falsch darzustellen. Wahrheitsgemäße Erklärungen über Tatsachen aus dem Verlauf der Behandlung sind kein Verstoß gegen das faktische Anerkenntnisverbot. Auch kein Anerkenntnis oder kein Verstoß gegen die vertraglichen Obliegenheiten ist es, wenn der Arzt seine Erklärungen mit deutlicher Einschränkung abgibt. Es ist auch kein unzulässiges Schuldanerkenntnis des Arztes, dem Patienten zu empfehlen, eine Schadensanzeige einzureichen. Der Hinweis auf eine bestehende Haftpflichtversicherung und die Möglichkeit, sie in Anspruch zu nehmen, ist ebenso wenig ein Anerkenntnis. Der Arzt muss seine Erklärungen aber erkennbar und verständlich unter einer Einschränkung abgeben. Als Beispiel: »Ich werde für den Schaden in Höhe meiner gesetzlichen Verpflichtung aufkommen. Ich verweise Sie deshalb an meine Haftpflichtversicherung.« Darin liegt noch kein Eingeständnis einer fehlerhaften Behandlung.

SCHLAGANFALL

Abgesehen von den gewöhnlichen Kinderkrankheiten, gelegentlichen Erkältungen, einem Bänderriss nach einem Fußballspiel und einem leicht erhöhten Blutdruck ist Richard bis zu seinem 53. Lebensjahr mehr oder weniger durchgehend gesund. Für ausreichend Bewegung und Ausgleich sorgen schon die beiden Kinder des verheirateten Lageristen, die ihn ordentlich auf Trab halten. Nur das Rauchen, das kann er sich partout nicht abgewöhnen.

Dann trifft es ihn unvermittelt gleich doppelt: Erst erleidet Richard einen Herzhinterwandinfarkt. Nachdem dieser glücklicherweise wieder vollständig ausgeheilt ist, bricht er sich beim Sturz von einer wackeligen Leiter die linke Handwurzel, die operativ versorgt werden muss. Die eingebrachten Metallplatten sind noch nicht wieder entfernt, als er an einem heißen Sommertag im Jahr 2018 vormittags um 10:00 Uhr bis dahin nicht gekannte Beschwerden in der linken Hand verspürt.

Nachdem sich die Beschwerden auch in den folgenden Stunden nicht bessern und sich Richards Frau große Sorgen um ihren Mann macht, beschließen die beiden, erst gar nicht den Umweg über die Hausärztin zu nehmen, sondern gleich die Notfallambulanz des örtlichen Krankenhauses anzusteuern.

Der dort diensthabende Arzt notiert um 20:46 Uhr: »Gefühlsstörung im linken Arm seit 10:00 Uhr bei Metall in situ nach Handwurzeloperation und nach einem Herzhinterwandinfarkt.«

Mit dieser Diagnose stellt der Arzt eine Notfallüberweisung für die neurologische Abteilung des benachbarten Krankenhauses aus. In der Überweisung wird als einziges medizinisches Untersuchungsergebnis eine »gute Handkraft, aber Dysästhesien (Empfindungsstörungen)« dokumentiert.

Von der Untersuchung Richards in der neurologischen Ambulanz noch am selben Tag existiert lediglich ein Gedächtnisprotokoll der untersuchenden Ärztin. Einen ärztlichen Befundbericht gibt es nicht.

In diesem Gedächtnisprotokoll werden die Beschwerden von Richard darauf zurückgeführt, dass er bei einem Umzug eine Waschmaschine transportiert habe und anschließend eine Schwellung aufgetreten sei. Neurologische Defizite hätten sich nicht finden lassen.

Richard wird mit dem Verdacht auf eine Handgelenksdistorsion in ein drittes Krankenhaus mit einer unfallchirurgischen Abteilung überwiesen.

Die Befunddokumentation der Klinik für Unfallchirurgie stellt fest, dass Richard »über ein Taubheitsgefühl im Bereich des linken Handgelenks seit gestern Morgen« klage. Und das war es dann auch schon. Mit einer Arbeitsunfähigkeitsbescheinigung in der Hand und der Anweisung, sich zu schonen, wird Richard wieder entlassen.

Eine Woche später stellt er sich bei seiner Hausärztin vor, um seine Arbeitsunfähigkeit verlängern zu lassen. Die Ärztin ist jedoch aufgrund seiner verwaschenen Sprache und seiner Kraftminderung im linken Arm äußerst beunruhigt und lässt ihn umgehend mit einem Rettungswagen und dem Verdacht auf einen Schlaganfall wieder in die neurologische Klinik bringen.

Dort stellen die Ärzte tatsächlich einen Schlaganfall fest. Richard wird behandelt und für zwei Wochen stationär aufgenommen. Aber die Therapie verläuft nicht gut. Richard leidet an einer hochgradigen Einengung eines Gefäßes in der rechten Hemisphäre im Hirn. Dies ist ein wesentliches Gefäß für die Hirndurchblutung der rechten Hemisphäre. Die Folgen sind verheerend: Das Ausmaß des Schlaganfalls vergrößert sich, die halbseitige Lähmung links wird schlimmer. Die Ärzte versuchen alles, um Richards Zustand zu verbessern.

Es gelingt ihnen so weit, dass Richard in die Reha kommt. Allerdings erleidet er dort nach kurzem Aufenthalt einen weiteren Schlaganfall. Zu seinem Glück wird dieser schnell erkannt. Doch die Folgen machen sich einige Monate später umso deutlicher bemerkbar: Mit Richard stimmt etwas ganz und gar nicht, er hat Halluzinationen und Wahnvorstellungen. Ständig fühlt er sich verfolgt. Richards Familie ist völlig überfordert, und letztendlich begibt er sich für mehr als einen Monat stationär in eine Klinik für Psychiatrie. Die dortige Behandlung wird nach vier Wochen beendet mit der Diagnose: Paranoide Schizophrenie.

Leider kommt es nicht selten vor, dass Menschen nach einem Schlaganfall nicht mehr wiederzuerkennen und in der Persönlichkeit, im Wesen völlig verändert sind. War der Vater sonst immer die Ruhe in Person, bringt ihn jetzt jede Kleinigkeit aus der Fassung. Die beste Freundin, die immer aktiv und für alles zu haben war, zieht sich auf einmal zurück und will niemanden mehr sehen oder sprechen. Die Frage, woher eine solche Wesensveränderung kommt, ist noch nicht abschließend geklärt. Es lässt sich jedoch sagen, dass es eine Kombination aus vielen unterschiedlichen Faktoren ist, die dazu führen kann.

Im Gehirn, vor allem im Großhirn, sind unterschiedliche Bereiche für unterschiedliche Aufgaben zuständig. Vieles deutet darauf hin, dass Persönlichkeitsmerkmale vorwiegend im Frontalhirn verankert sind, das direkt hinter der Stirn liegt. Wird dieser Bereich durch einen Schlaganfall beschädigt, kann das Spuren in der Persönlichkeit hinterlassen.

Richards Zustand verbessert sich leider nicht und ein Jahr später verstirbt er im Alter von nur 56 Jahren.

Die grundlegende Frage, mit der sich im Nachgang zwei gerichtliche Instanzen beschäftigen mussten, war die, ob nicht bereits bei den ersten Untersuchungen in den Krankenhäusern ein Schlaganfall hätte in Betracht gezogen und weiter abgeklärt werden müssen. Zudem ging es um die so wichtige Abgrenzung zwischen Diagnose- (günstiger für den Arzt) und Befunderhebungsfehler (günstiger für den Patienten).

Weil das Thema bei jährlich bis zu 300 000 Schlaganfällen in Deutschland so wichtig ist, hier ein kurzer Exkurs:

Ein Schlaganfall, auch als Apoplex bezeichnet, ist eine plötzliche Störung der Blutzufuhr zum Gehirn, die zu einer Schädigung des Hirngewebes führt. Es gibt verschiedene Arten von Schlaganfällen, die schwerwiegende Folgen für die betroffene Person haben können.

Ischämischer Schlaganfall:

- Dies ist die häufigste Form und macht gut 80 Prozent aller Schlaganfälle aus.
- Er tritt auf, wenn ein Blutgerinnsel ein Blutgefäß im Gehirn blockiert und somit die Blutzufuhr unterbricht.
- Ursachen können Arteriosklerose (Verengung der Blutgefäße) oder Herzrhythmusstörungen wie Vorhofflimmern sein.

Hämorrhagischer Schlaganfall:

- Dieser Typ entsteht durch das Platzen eines Blutgefäßes im Gehirn, was zu einer Blutung führt.
- Ursachen können Bluthochdruck, Aneurysmen oder arteriovenöse Malformationen sein.

Vorübergehender ischämischer Anfall (TIA):

- Auch als »Mini-Schlaganfall« bekannt. Hierbei handelt es sich um eine vorübergehende Unterbrechung der Blutzufuhr zum Gehirn.
- Die Symptome sind ähnlich wie bei einem Schlaganfall, halten jedoch nur wenige Minuten bis Stunden an und hinterlassen keine bleibenden Schäden.

Die Symptome eines Schlaganfalls treten plötzlich auf und können unter anderem Folgendes umfassen:

- plötzliche Schwäche oder Taubheit in Gesicht, Arm oder Bein (insbesondere auf einer Körperseite)
- plötzliche Verwirrtheit oder Schwierigkeiten beim Sprechen
- plötzliche Sehstörungen in einem oder beiden Augen
- plötzliche Schwierigkeiten beim Gehen, Schwindel oder Verlust des Gleichgewichts
- plötzliche starke Kopfschmerzen ohne bekannte Ursache

Zu den Risikofaktoren für einen Schlaganfall gehören:

- hoher Blutdruck
- Diabetes
- hoher Cholesterinspiegel
- Rauchen
- Übergewicht und Bewegungsmangel
- Herzkrankheiten (zum Beispiel Vorhofflimmern)

Richards Witwe und die beiden Kinder haben im Prozess vor dem zuständigen Landgericht folgende Auffassung vertreten:

»Es stellt einen schwerwiegenden Behandlungs- beziehungsweise Befunderhebungsfehler dar, dass nicht bereits bei der Vorstellung in der neurologischen Ambulanz der Verdacht auf einen Schlaganfall gestellt beziehungsweise der Schlaganfall diagnostiziert worden ist. Richard hat sich mit neurologischen Ausfallerscheinungen in Form von Taubheitsgefühlen im Bereich des linken Arms vorgestellt. Diese neurologischen Ausfallerscheinungen waren umfassend abzuklären gewesen, zumindest wurde der Verdacht auf ein irgendwie geartetes zentralnervöses Geschehen geäußert. Wären die entsprechenden Befunderhebungsmaßnahmen durchgeführt worden, so hätte sich der Schlaganfall bereits diagnostizieren lassen. Auch vor dem zweiten Schlaganfall ist es fehlerhaft zu Verzögerungen in der Befundung gekommen.«

Beide Krankenhäuser, die verklagt wurden, haben sich verkürzt dahingehend geäußert, dass sie alles richtig gemacht hätten und Richard medizinisch absolut korrekt behandelt worden sei.

Das Landgericht hat die Klage der Erben von Richard abgewiesen und in der Urteilsbegründung dazu unter anderem ausgeführt:

»Ein Behandlungsfehler liegt auch bei einem Befunderhebungsfehler oder einem Diagnosefehler vor. Ein Befunderhebungsfehler ist gegeben, wenn die Erhebung medizinisch gebotener Befunde unterlassen wird. Ein Diagnosefehler liegt vor, wenn der Arzt erhobene oder sonst vorliegende Befunde falsch interpretiert und deshalb nicht die aus der berufsfachlichen Sicht seines Fachbereichs gebotenen therapeutischen oder diagnostischen Maßnahmen ergreift. Stellt sich die objektive Fehlerhaftigkeit einer Diagnose nicht als vorwerfbar dar, weil es sich um eine in der gegebenen Situation vertretbare Deutung der Befunde handelt, kann daraus keine Haftung hergeleitet werden. Ist die Deutung aber angesichts weiterer Befunde nicht mehr vertretbar, ist sie nicht nur objektiv fehlerhaft, sondern vorwerfbar und ein möglicherweise haftungsbegründendes Fehlverhalten. Ein Diagnoseirrtum stellt damit erst dann einen haftungsbegründenden Diagnosefehler dar, wenn die Diagnose im Zeitpunkt der medizinischen Behandlung aus der Sicht eines gewissenhaften Arztes medizinisch nicht mehr vertretbar ist.«

Gemessen an diesen Grundsätzen konnte die Arzthaftungskammer des Landgerichts keinen Behandlungsfehler feststellen. Die geschilderten Beschwerden seien nicht typisch für einen Schlaganfall gewesen, sodass eine weitergehende neurologische Untersuchung nicht habe veranlasst werden müssen. Auch der zweite Schlaganfall sei nicht zu verhindern gewesen. Das Auftreten des rechtshemisphärischen Schlaganfalls sei aufgrund des Grundrisikos des Patienten wegen des gravierenden Gefäßbefundes in Form der hochgradigen Verengung des Hirngefäßes und der weiter beim Patienten vorliegenden kardiovaskulären Risikofaktoren wie zum Beispiel Bluthochdruck und Nikotinkonsum als rein schicksalhaft anzusehen.

In diesem Fall legten die Erben Berufung ein und das zweitinstanzliche Gericht urteilte gänzlich anders. Es verurteilte beide Krankenhäuser zu einem Schadensersatz von 80 000 Euro und verpflichtete sie zudem, den Unterhalt von Richards Frau und seinen beiden Kindern zu zahlen.

Das Oberlandesgericht erklärte dem Landgericht: »Ein Befunderhebungsfehler ist gegeben, wenn die Erhebung medizinisch gebotener Befunde unterlassen oder nicht veranlasst wird. Im Unterschied dazu liegt ein Diagnoseirrtum vor, wenn der Arzt erhobene oder sonst vorliegende Befunde falsch interpretiert und deshalb nicht die aus der berufsfachlichen Sicht seines Fachbereichs gebotenen – therapeutischen oder diagnostischen – Maßnahmen ergreift. Ein Diagnoseirrtum setzt aber voraus, dass der Arzt die medizinisch notwendigen Befunde überhaupt erhoben hat, um sich eine ausreichende Basis für die Einordnung der Krankheitssymptome zu verschaffen. Hat dagegen die falsche diagnostische Einstufung einer Erkrankung ihren Grund bereits darin, dass der Arzt die gebotenen Untersuchungen erst gar nicht veranlasst hat und er dadurch zu einer Diagnose gelangt ist, ohne diese durch die medizinisch gebotenen Befunderhebungen abzuklären, dann ist dem Arzt ein Befunderhebungsfehler vorzuwerfen. Denn bei einer solchen Sachlage geht es im Kern nicht um die Fehlinterpretation von Befunden, sondern um deren Nichterhebung.«

Gerade diesen Aspekt sah das Gericht bei beiden Krankenhäusern als vorwerfbar und fehlerhaft an und urteilte deshalb zugunsten der Hinterbliebenen. Insgesamt dauerten die Verfahren vier Jahre bis zur Rechtskraft der finalen Entscheidung.

NEUE BRÜSTE IM AUSLAND

Deutschland gehört mit nahezu 500 000 (Tendenz steigend) Schönheitsoperationen im Jahr zu den Ländern mit den meisten ästhetisch-plastischen Eingriffen weltweit. Rund um den Globus wurden 2022 mehr als 30 Millionen Schönheitskorrekturen durchgeführt.

Als beliebtester Eingriff auf Platz eins steht weltweit und auch in Deutschland, Österreich und der Schweiz die Fettabsaugung. Bei Frauen, die mit einem Anteil von knapp 85 Prozent deutlich häufiger auf dem OP-Tisch liegen als Männer, belegen Brustvergrößerungen, Ober- und Unterlidstraffungen und Faltenunterspritzungen die weiteren vorderen Plätze. Bei deutschen Männern folgen Ober- und Unterlidstraffungen und Hals-Stirn-Faceliftings. Die meisten Patienten in Deutschland sind dabei zwischen 18 und 30 Jahre alt und leben in einer Beziehung. Das Durchschnittsalter belief sich zuletzt auf etwa 44 Jahre.

Insbesondere die Kostenfrage steht bei Schönheitsoperationen oftmals im Fokus. Für ästhetische Operationen, die medizinisch nicht erforderlich sind, übernehmen die gesetzlichen Krankenkassen keine Kosten. In einigen Fällen ziehen die Eingriffe zudem weitere Operationen und damit zusätzliche Kosten nach sich.

Treten nach einem medizinisch nicht notwendigen Eingriff Komplikationen auf, die eine weitere ärztliche Behandlung erfordern, hat die gesetzliche Krankenkasse die Versicherten in angemessener Höhe an den Kosten zu beteiligen und das Krankengeld für die Dauer dieser Behandlung ganz oder teilweise zu versagen oder zurückzufordern (§ 52 Abs. 2 SGB V). Das ist ein Umstand, den sehr viele Patienten bei der Entscheidung zu einer solchen Operation nicht berücksichtigen, weil sie ihn schlichtweg nicht kennen.

Plastische Operationen können ausnahmsweise auch eine Kassenleistung sein, wenn Einschränkungen einer Funktion oder ein starker psychischer Leidensdruck bei Entstellungen etwa nach Brandverletzungen vorliegen.

Beispiele für plastische Operationen, deren Kosten von der Krankenkasse übernommen werden:

- Nasenkorrektur bei Behinderung der Atmung
- Anlegen von abstehenden Ohren bei Kindern, wenn sie zu psychosozialen Problemen führen
- Wiederherstellung der Brust nach Brustkrebs und bei Brustfehlanlagen
- Beseitigung von Bauchfettschürzen bei therapieresistenten Intertriginalekzemen

Bei Schönheitsoperationen im Ausland, die mitunter preislich attraktiv(er) sind, ist immer zu bedenken: Wie ist die Nachsorge geregelt? Wie überwinde ich Sprachbarrieren? Und wie sieht es rechtlich aus, wenn etwas schiefgelaufen ist? Diese Aspekte werden oftmals zu nachlässig betrachtet.

Über all das hat auch die 21-jährige Bäckereifachverkäuferin Jacqueline vermutlich nicht sehr intensiv nachgedacht, zumal sie auf eher ungewöhnliche Weise zu einer Brustvergrößerung gekommen ist. Diese gewinnt sie nämlich in einer Diskothek. In Jacquelines Stammdisco in Niedersachsen wird an einem Wochenende eine Challenge veranstaltet, bei der mehrere Teilnehmerinnen um eine kostenlose Brust-OP kämpfen. Konkret geht es um eine Brustvergrößerung in Polen. Jacqueline ist sofort dabei. So günstig kommt sie nie wieder an größere Brüste, denkt sie. Eine OP kann sie sich selbst nicht leisten. Sie kämpft sich durch die mehr oder weniger unterhaltsamen Wettkämpfe und gewinnt am Ende.

Wochen später ist es dann tatsächlich so weit: Jacqueline reist mit der Bahn nach Polen. Ihren Eltern hat sie von dem Eingriff nichts erzählt. Sie würden es ihr bestimmt ausreden wollen. Sie will das allein durchziehen, auch wenn sie sehr nervös ist. Die Reise ist lang und anstrengend, aber die Vorfreude überwiegt. In Breslau angekommen, schlägt sie sich auf eigene Faust bis zur Klinik durch. Dort wird sie zwar herzlich begrüßt, aber irgendwie geht ihr alles viel zu schnell. Sie wird von einem Zimmer und Arzt zum nächsten geschickt. Alle sprechen nur Englisch mit ihr. Vieles versteht Jacqueline nicht richtig, traut sich aber nicht nachzufragen. Man zeigt ihr unterschiedlich große Implantate und irgendwann entscheidet sie sich für eine Größe, die ihr passend erscheint und gefällt.

Sie richtet sich in ihrem durchaus gemütlichen Zweibettzimmer ein. Mit ihrer Zimmernachbarin kann sie sich allerdings nicht unterhalten – diese spricht nur Polnisch. Und dann geht sie los, die Brust-OP. Bevor Jacqueline in Narkose versetzt wird, denkt sie noch: »Wird schon alles gutgehen.«

Nach der Operation hat Jacqueline Schmerzen. Alles spannt, was aber zumeist die Regel ist. Das hatte sie zuvor Schilderungen anderer Frauen im Internet entnehmen können. Die Ärzte kontrollieren die Narben und sind zufrieden. Jacqueline empfindet ihre Brüste im ersten Moment als unglaublich groß. Aber wahrscheinlich liegt es an der Schwellung und daran, dass die neue Größe ihr einfach noch fremd ist. Dann werden die Schmerzen urplötzlich unerträglich, und besonders die linke Brust sieht unansehnlich aus. Sie liegt viel höher als die rechte Brust. Jacqueline ist verzweifelt und schreit vor Schmerzen. Die Ärzte in der polnischen Klinik beschließen, eine Korrektur-OP durchzuführen. Doch die verschlimmert Jacquelines Zustand nur noch, denn bei dieser Revisionsoperation wird ein Brustmuskel beschädigt. Außerdem bildet sich an ihrem Arm, an dem der venöse Zugang gelegt worden ist, eine Venenentzündung.

Sie möchte schnellstmöglich zurück nach Deutschland und sucht dort nach einer langen und kräftezehrenden Rückreise bereits zwei Tage später einen Arzt in ihrer Heimatstadt auf.

Dessen Feststellungen und Diagnosen erschüttern sie:

- Das Implantat in der linken Brust ist falsch gesetzt worden. Es ist nach oben bis zum Schlüsselbein disloziert und dort verwachsen.

- Die Tasche für das Implantat ist zu hoch und zu groß bemessen worden.
- Der Verband wurde nach der OP deutlich zu fest angelegt.
- Die Brustmuskelverletzung hätte vermieden werden können.

Der Arzt rät ihr dringlich zu einer erneuten Korrektur-OP. Doch dafür fehlt Jacqueline das Geld und ihre Krankenkasse weigert sich, auch nur einen kleinen Teil der Kosten zu übernehmen.

Daher will sie die Ärzte in Polen verklagen, um mit den erstrittenen Geldern die Operation in Deutschland zu bezahlen. Aber auch dafür fehlt ihr das Geld.

Für die Beratung durch einen deutschen Rechtsanwalt steht die sogenannte Beratungshilfe zur Verfügung. Beratungshilfe ist eine Unterstützung vom Staat für Menschen, die wenig Geld haben, aber eine Anwältin oder einen Anwalt benötigen. Der Staat übernimmt dann die Kosten für die anwaltliche Beratung.

Die Voraussetzungen, um Beratungshilfe zu erhalten:

- Bedürftigkeit: Die zu beratende Person hat ein geringes Einkommen und wenige Ersparnisse.
- Notwendigkeit: Es gibt keine andere Lösungsmöglichkeit.
- Alternativen geprüft: Es ist keine Rechtsschutzversicherung vorhanden, die das Problem abdeckt. Keine andere Beratung ist möglich (zum Beispiel beim Jugendamt, der Schuldnerberatung, dem Mieterverein).

In Hamburg existiert diese Hilfe nicht. Für Hamburger Einwohner mit geringem Einkommen gibt es, anders als in den Flächenländern, nicht die anwaltliche Beratungshilfe nach dem Beratungshilfegesetz, sondern die ÖRA, die Öffentliche Rechtsauskunft- und Vergleichsstelle Hamburg.

Ist allerdings eine Klage vonnöten, muss im jeweiligen Land, in dem die Operation durchgeführt worden ist, ein dort zugelassener Rechtsanwalt beauftragt werden. Die meisten ausländischen Rechtsvertreter werden aber nur nach Zahlung eines adäquaten Vorschusses tätig.

Dennoch kann ein heimischer Rechtsanwalt auch helfen. Zum einen haben erfahrene Patientenanwälte zumeist ein Netzwerk von seriösen Kollegen aus dem benachbarten Ausland, die auch im Bereich Arzthaftungsrecht tätig sind und auf die der Patient zurückgreifen kann. Zum anderen lassen sich manche Streitigkeiten mit ausländischen Ärzten und Krankenhäusern auch außergerichtlich beilegen, sodass man keinen im Land zugelassenen Rechtsvertreter benötigt. Mitunter scheuen die ausländischen medizinischen Institutionen eine negative Berichterstattung in den Medien mehr als eine Schadensregulierung. Dies gilt im Übrigen teilweise auch für inländische Behandler.

Ein kurzer Exkurs in die Zahnmedizin bietet sich an dieser Stelle an, denn oftmals bedenken Patienten Folgendes nicht: Ist ein Zahnersatz im Ausland gefertigt, aber bei einem deutschen Zahnarzt mit Kassenzulassung eingesetzt worden, haben gesetzlich versicherte Patienten die gleichen Rechte wie bei deutschem Zahnersatz. Es gilt die übliche zweijährige Gewährleistung. Innerhalb dieser Frist muss der Zahnarzt bei Mängeln die Arbeit nachbessern oder erneuern.

Schwieriger wird es, wenn Kronen, Brücken, Implantate oder Prothesen im Ausland auch eingesetzt wurden. Wenn dann Probleme auftreten, sind deutsche Zahnärzte rechtlich nicht zur Nachbesserung des Zahnersatzes verpflichtet. Sie können, außer in Notfällen, dies auch ablehnen, wenn sie etwa befürchten, durch eine Nachbesserung selbst für die Mängel haften zu müssen. Sind umfangreiche Nachbesserungen nötig, kann die Krankenkasse zwar ein Begutachtungsverfahren einleiten, ob sie die Kosten für die Nachbehandlung trägt, ist aber nicht sicher.

Zum Schluss noch einmal zurück zu Jacqueline: Leider muss sie mit der unschönen Brust weiterleben, bis sie genug für eine Korrektur-OP gespart hat. Hätte sie all dies doch vorher gewusst!

DIE VERLORENE SPITZE

Wie muss es sich anfühlen, einen Fremdkörper im Kopf zu haben? Zu wissen, dass ihn die Ärzte nicht entfernen können. Und zu wissen, dass er im eigenen Kopf herumwandert, die Position verändert. Sicherlich wird es Tage geben, an denen man den Gedanken ausblenden kann. Aber es wird auch andere Tage geben, die einem Angst machen.

Dieses Gefühlschaos erlebt Andrea schon seit drei Jahren.

Andrea ist eine 29-jährige Frau, die in einer kleinen, gemütlichen Wohnung mit ihrem Freund lebt. Sie arbeitet Vollzeit als Produktionshelferin in der Lebensmittelindustrie. Ein Job, von dem sie nicht unbedingt geträumt hat, aber die Arbeitszeiten sind angenehm und mit ihren Kollegen macht die Arbeit Spaß. Mit einigen ist sogar eine Freundschaft entstanden. Und abgesehen von den üblichen Stressfaktoren des Arbeitsalltags verläuft Andreas Leben bis zu dem schicksalhaften Tag im Januar ruhig und zufrieden. Sie genießt die kleinen Dinge, von gemeinsamen Abendessen mit ihrem Freund bis hin zu entspannten Wochenenden, die sie mit ihrem Bekanntenkreis verbringt.

An einem Tag im Februar, es ist besonders viel zu tun bei der Arbeit, fühlt sich Andrea den ganzen Morgen unwohl und schlapp. Sie befürchtet, eine Erkältung zu bekommen. Wahrscheinlich hat sie sich bei ihrem Freund angesteckt, der schon seit drei Tagen mit »Männerschnupfen« flachliegt und sich sehr gern von ihr pflegen lässt. Andrea selbst ist, wie Frauen oftmals, »etwas härter im Nehmen«. Mit 39 Grad Fieber zur Arbeit zu gehen, ist vielleicht keine gute Idee – aber Andrea hat genau das schon oft gemacht. An diesem Tag allerdings wird bei ihr aus einem harmlosen Unwohlsein ein Ernstfall. Andrea will gerade in ihre Arbeitsschuhe schlüpfen, als sich der Umkleideraum vor ihren Augen zu drehen beginnt. Dann ist alles schwarz. Das Erste, was sie wieder bewusst wahrnimmt, ist, dass sie auf dem Boden der Umkleide liegt und in das besorgte Gesicht einer Kollegin über ihr blickt. Ein anderer Kollege hat bereits den Rettungsdienst alarmiert. Im Notarztwagen erreicht Andrea das nahe gelegene Krankenhaus, wo sofort erste Untersuchungen durchgeführt werden. Nach mehreren Tests und bildgebenden Verfahren kommt die erschütternde Diagnose: Andrea hat eine arteriovenöse Malformation (AVM), eine angeborene Fehlbildung der Blutgefäße im Gehirn, bei der einige Arterien direkt mit den Venen verbunden sind.

Diese Nachricht ist ein Schock für Andrea und auch für ihren Freund, der sofort zu ihr ins Krankenhaus eilt. Zunächst wird sie allerdings nicht stationär aufgenommen. Erst zwei Wochen später kommt sie zur weiteren Behandlung ins Krankenhaus, und zwar in eine spezialisierte Klinik für Neurochirurgie. Dort bestätigen die Ärzte die Diagnose und erläutern den Behandlungsansatz: Eine Embolisation, bei der ein spezielles Klebemittel verwendet wird, soll die fehlerhaften Blutgefäße verschließen.

Andrea steht vor einer schwierigen Entscheidung. Sie hat Angst, doch nach reiflicher Überlegung willigt sie in den Eingriff ein. Der Gedanke, dass sie bald wieder unbeschwert leben könnte, gibt ihr Kraft.

Der Eingriff selbst verläuft zunächst ohne Komplikationen. Doch schon bald nach der Behandlung treten starke Kopfschmerzen auf. Zudem hat Andrea Probleme beim Sehen. Als sie schließlich einen Augenarzt aufsucht, stellt dieser eine Sehstörung und einen halbseitigen Gesichtsfeldausfall fest. Der Schock über diese neuen Symptome ist groß. Andrea fühlt sich verloren und macht sich Sorgen um ihre Zukunft.

Ein zweiter Eingriff wird notwendig, um das Problem zu beheben. Doch was als nächster Schritt auf dem Weg zur Heilung gedacht war, entwickelt sich zu einem Albtraum. Während der erneuten Embolisation kommt es zu einem tragischen Vorfall: Der Katheter, der in Andreas Gehirn platziert wurde, lässt sich nicht mehr herausziehen. Die Katheterspitze reißt ab. Der behandelnde Arzt ist gezwungen, die Operation abzubrechen, ohne das Problem zu lösen. Andrea erwacht aus der Narkose und fühlt sich zunächst erleichtert, dass der Eingriff vorbei ist. Doch schnell kommt die schockierende Erkenntnis: Ein Teil des Katheters ist nun in ihrem Kopf eingeschlossen und kann nicht entfernt werden.

Die Entlassung aus dem Krankenhaus erfolgt zwar ohne weitere physische Komplikationen, doch die seelischen Wunden bleiben. Andrea ist in einem Zustand ständiger Angst und Unsicherheit. Der Gedanke, dass sich die Katheterspitze in ihrem Körper befindet, frisst sie innerlich auf. Die größte Wut, die sie verspürt, richtet sich gegen den behandelnden Arzt: Er habe sie nicht ausreichend über die Risiken des Eingriffs aufgeklärt. Hätte sie gewusst, welche Gefahren bestehen, hätte sie dem Eingriff möglicherweise nicht zugestimmt oder sich zumindest um eine zweite Meinung bemüht.

In den Wochen nach der Entlassung wird Andrea von ihren Ängsten überwältigt. Sie hat Albträume von Krampfanfällen und Gehirnblutungen, die sie nachts aus dem Schlaf reißen. Diese Ängste lähmen sie, sodass sie in vielen Lebensbereichen zurückhaltend wird. Sport und Reisen traut sie sich nicht mehr zu. Immer begleitet sie die Angst, dass die »verlorene« Katheterspitze in ihrem Hirn herumwandern und Schaden anrichten könnte. Sie verspürt buchstäblich Todesangst. Andrea vermeidet jegliche Anstrengungen, die früher Teil ihrer Routine waren, und zieht sich mehr und mehr von allen sozialen Aktivitäten zurück.

Der psychische Druck, den diese neue Lebenssituation mit sich bringt, ist enorm. Andrea sucht immer wieder Hilfe bei Ärzten und Therapeuten, doch trotz der zahlreichen Gespräche bleibt eine tiefe Verunsicherung. Die Frage, was die Zukunft bringt, quält sie Tag für Tag. Auch ihr Freund, der ihr Trost spenden möchte, fühlt sich oft hilflos, da er nicht wirklich nachvollziehen kann, was sie durchmacht. Es ist eine dunkle Zeit, in der Andrea lernen muss, mit ihrer neuen Realität umzugehen und ihr Leben zurückzuerobern.

Schließlich steht sie an einem Punkt, an dem sie entscheiden muss, wie es weitergehen soll. Andrea beginnt, sich mit ihrer Angst auseinanderzusetzen, und sucht nach Wegen, sich selbst zu stärken. Sie entdeckt Entspannungstechniken und beginnt, kleine Schritte in Richtung eines aktiveren Lebens zu gehen. Zwar bleibt die Angst ein ständiger Begleiter, doch sie lernt, damit zu leben. Es ist ein langer Weg, aber Andrea ist entschlossen, nicht aufzugeben. Sie hofft, dass die Spitze doch eines Tages entfernt werden kann, und falls nicht, dass sie damit zumindest sorgenfreier leben wird.

In Fällen wie dem von Andrea stellt sich immer wieder dieselbe Frage: War das Abreißen der Katheterspitze ein Unfall, also schicksalhaft? Lag möglicherweise ein Materialfehler vor? Oder, dies als dritte Alternative, ist der Operateur unsachgemäß vorgegangen?

Im Rahmen der gerichtlichen Auseinandersetzung, die Andrea anstrengen musste, weil die Gegenseite sich einer außergerichtlichen Regulierung entzogen hatte, konnte weder ein Materialfehler festgestellt noch geklärt werden, ob es fehlerhaft oder schicksalhaft zum Abreißen der Spitze gekommen war. Daher wies das Landgericht als erstinstanzliches Gericht die Schadensersatzklage ab.

Was das Gericht aber vollständig außer Betracht gelassen hatte, war die von Andrea erhobene sogenannte Aufklärungsrüge, nämlich dass sie nicht über das Risiko eines Abreißens der Katheterspitze aufgeklärt worden war.

Ärztliche Eingriffe bergen immer Risiken, die dem Patienten vorab sorgfältig erläutert werden müssen. Insbesondere bei Operationen kann es trotz größter Sorgfalt zu unerwünschten Komplikationen kommen, die für den Patienten erhebliche Folgen haben. Um Haftungsansprüche im Falle von Behandlungsfehlern oder mangelhafter Aufklärung zu vermeiden, müssen Ärzte ihre Patienten daher umfassend über mögliche Risiken und Nebenwirkungen informieren.

In der Praxis am bedeutsamsten und mit den größten Schwierigkeiten verbunden ist die Aufklärung über mögliche vorübergehende oder dauerhafte Nebenfolgen eines Eingriffs, die auch bei Anwendung größter ärztlicher Sorgfalt auftreten können. Auch hier muss der Patient umfänglich aufgeklärt werden. Der Arzt hat dem Patienten dabei ein Bild von der Schwere und Richtung des Risikospektrums zu vermitteln. Auch äußerst seltene Risiken sind dem Patienten mitzuteilen, wenn sie eine besonders schwere Belastung für dessen weitere Lebensführung darstellen, dem Eingriff spezifisch anhaften und für den Laien überraschend sind (BGH-Urteil vom 02.11.1993, VI ZR 245/92). Dabei gilt: Je dringlicher ein Eingriff ist, desto geringer sind die Anforderungen an die Aufklärung. Andererseits erhöhen sich die Anforderungen an den Inhalt der Aufklärung, je gefährlicher oder risikobehafteter der Eingriff ist. Oder wenn er medizinisch nicht indiziert ist, was beispielsweise bei einer Schönheitsoperation oftmals der Fall ist.

Aufzuklären ist allerdings nur über bekannte Risiken. Ist dem behandelnden Arzt ein Risiko zum Zeitpunkt der Behandlung (noch) nicht bekannt, entfällt eine Haftung des Arztes mangels schuldhafter Pflichtverletzung. Abgestellt wird hierbei nicht auf die gesamte medizinische Wissenschaft, sondern nur auf das Fachgebiet des behandelnden Arztes, da er nur solche Risiken kennen muss, die auch in sein Spezialgebiet fallen (BGH-Urteil vom 19.10.2010, VI ZR 241/09).

Aufgrund des Versäumnisses des Landgerichts legte Andrea das Rechtsmittel der Berufung ein.

Das Oberlandesgericht, das für Berufungen der Entscheidungen der Landgerichte zuständig ist, beurteilte das Aufklärungsversäumnis dann tatsächlich dahingehend, dass es vorgelegen habe und der Arztseite anzulasten sei. Daraufhin schlug es den Prozessparteien einen Vergleich über 150 000 Euro vor, der angenommen wurde.

ES BEGANN MIT HARMLOSEN ZAHNSCHMERZEN

Jede Wanderung, und ist sie noch so lang, beginnt mit dem ersten Schritt. Arzthaftungsfälle beginnen zumeist mit der laienhaften Schilderung eines Falls durch den Geschädigten. Mitunter ist dieser aber genau dazu nicht mehr in der Lage, weil er entweder verstorben ist oder so schwer geschädigt, dass beispielsweise ein Betreuer oder ein Angehöriger für ihn das Gespräch übernehmen muss.

So auch im Fall von Kevin, der von seiner Frau Ramona vertreten wird, die gleichzeitig seine gerichtlich bestellte Betreuerin ist.

Ramona schildert den Fall ihres Mannes wörtlich so:

»Mein Mann ist im Oktober 2008 nach einer Zahnbehandlung an einer Sepsis erkrankt. Die darauffolgende Notoperation an einem größeren Klinikum ergab einen intensivmedizinischen Verlauf, da Kevin in ein künstliches Koma gelegt werden musste. Nach zwei Lungenentzündungen und akutem Nierenversagen wurde er nach vierzehn Tagen aus dem Koma zurückgeholt und erlitt zwei Schlaganfälle, welche nicht beachtet wurden. Dann stellte sich ein MRSA-Befall heraus, wegen dem er auf eine Isolationsstation kam. Nach insgesamt etwa neun Wochen wurde mein Mann zur Anschlussrehabilitation für weitere drei Monate in eine spezialisierte Klinik verlegt. Im November 2009 erkrankte er an einer symptomatischen Epilepsie, welche auf die akuten Schädigungen im Gehirn zurückzuführen ist. Seitdem ist mein Mann mit der Pflegestufe 2 zu Hause und kann den Alltag nicht mehr allein bewältigen. Zudem wurde uns von allen behandelnden Ärzten bestätigt, dass eine Rückkehr ins Berufsleben für ihn nicht mehr infrage kommt. Mein Mann hat bis zum Beginn seines Leidens als Lkw-Fahrer gearbeitet und ein gutes Einkommen bekommen, das jetzt natürlich fehlt. Es haben sich Schulden angehäuft, die einfach nicht mehr zu decken sind.«

Mit dieser Fallschilderung beginnt im Jahr 2010 der Arzthaftungsfall von Kevin, der erst mehr als zwölf Jahre später ein Ende findet.

Was hat sich nun genau ereignet?

Aufschluss darüber gibt die Sachverhaltsdarstellung in der Schadensersatzklage. Nach erfolglosen außergerichtlichen Verhandlungen musste nämlich der Prozessweg bestritten werden.

In der Klageschrift heißt es wörtlich:

»Der Kläger wurde am 11.10.2008 wegen eines ausgedehnten Peritonsillar- und Retropharyngealabszesses notfallmäßig in der Klinik der Beklagten aufgenommen und noch am selben Tag operiert.«

Was ein Abszess ist, ist weitestgehend bekannt: Darunter versteht man eine Eiteransammlung in einer abgeschlossenen Gewebs- oder Körperhöhle – meist infolge einer Entzündung oder einer kleinen Verletzung. Abszesse auf der Haut kommen häufiger vor, seltener an inneren Organen. Sie sind schmerzhaft und druckempfindlich. Der Peritonsillarabszess wird auch als Mandelabszess bezeichnet. Er ist eine bakterielle Infektion des Gewebes im Bereich der Mandeln. Der Retropharyngealabszess tritt im Gegensatz dazu in einem Raum auf, der sich von der Schädelbasis bis zum hinteren Mediastinum, einem Teil des Thorax, erstreckt. Dieser Abszess tritt gelegentlich nach zahnärztlichen Behandlungen auf.

Bei Kevin wird bei der Einleitung der Operation eine Magensonde gelegt. Diese wird allerdings falsch platziert, und zwar so, dass sie in den rechten Hauptbronchus geführt wird. Diese Fehllage der Magensonde bemerkt man im Krankenhaus erst Stunden nach der Operation – daraufhin wird die falsche Lage korrigiert.

Bereits unmittelbar nach dem operativen Eingriff fällt bei Kevin eine schwere Oxygenierungsstörung auf – vereinfacht ausgedrückt: eine Atemstörung. Im weiteren Verlauf kommt es zur Ausbildung eines schweren septischen Krankheitsbildes. Dem folgen ein akutes Nierenversagen und eine weitere signifikante Einschränkung der Lungenfunktion des Patienten.

Kevin muss jetzt künstlich beatmet werden und es treten weitere erhebliche Beschwerden hinzu. Die Ärzte tun ihr Möglichstes, um seinen Zustand zu verbessern.

Nach mehr als drei Monaten Krankenhausaufenthalt wird Kevin entlassen – allerdings noch immer mit erheblichen Einschränkungen. Er klagt über eine Fußheberschwäche im rechten Fuß. Betroffene einer solchen Schwäche können die Fußspitze nicht mehr anheben, sodass sie aus dem Tritt geraten und öfter ins Stolpern kommen. Außerdem kann Kevin seine rechte Körperhälfte nicht mehr richtig wahrnehmen. Noch gravierender ist, dass seine Hirnleistungsfähigkeit in hohem Maße eingeschränkt ist, er hat extreme Wortfindungsstörungen. Darüber hinaus besteht im rechten Bein ein akuter Kälteschmerz, zudem tritt eine Epilepsie auf.

Der Bericht des Gutachters im Rahmen des vorgerichtlichen Schlichtungsverfahrens liest sich wie ein Steckbrief der Unzulänglichkeiten: Demnach ist die Magensonde falsch in den rechten Hauptbronchus gelegt worden, wobei überhaupt keine Indikation für die Legung der Magensonde angezeigt war. Aufgrund der ausgedehnten entzündlichen Veränderungen im Halsbereich bestand vielmehr eine erhebliche und auch erkennbare Verletzungsgefahr durch das Legen einer Magensonde.

Zudem ist nicht ersichtlich, dass die Lage der Magensonde in irgendeiner Form kontrolliert wurde. Ganz im Gegenteil: Die Sonde wurde auch dann nicht bemerkt, als offensichtlich erhebliche Beatmungsprobleme bei Kevin vorlagen. Das Auftreten von Beatmungsproblemen, so das Gutachten weiter, hätte an eine Fehllage der Magensonde denken lassen müssen.

Einen groben Behandlungsfehler stellt weiterhin der Umstand dar, dass Kevin über mehr als 21 Tage hinweg keine medikamentöse Thromboseprophylaxe erhielt. Das wirkt umso schwerer, da es sich bei Kevin um einen Intensivpatienten mit einer schweren Sepsis handelte.

Die Sepsis entstand durch die fehlerhafte ärztliche Behandlung im Zusammenhang mit der Legung der Magensonde und der unterlassenen Befunderhebung, da die wahrscheinlichste Ursache für die Lungenentzündung in Verbindung mit der Sepsis der Umstand ist, dass entlang der Magensonde Sekret in die Lunge austrat.

Die Hirninfarkte und die später aufgetretene Epilepsie lassen sich kausal auf die dargelegten Behandlungsfehler zurückführen.

Um einmal die Dimensionen einer umfangreichen Arzthaftungssache zu veranschaulichen: Die Behandlungsunterlagen von Kevin aus dem beschuldigten Krankenhaus und von sämtlichen Nachbehandlern beliefen sich auf mehr als 1500 Seiten. Die Klageschrift umfasste mehr als 40 Seiten. Die Erwiderung auf den Klageabweisungsschriftsatz der Behandlerseite, die im Juristendeutsch Replik genannt wird, umfasste nochmals mehr als 25 Seiten. Das gerichtlich eingeholte Sachverständigengutachten hatte einen Umfang von mehr als 40 Seiten. Der Gerichtstermin vor dem zuständigen Landgericht, in dessen Rahmen auch der gerichtlich bestellte Sachverständige angehört wurde, dauerte mehr als fünf Stunden.

Arzthaftungskammern bei den Landgerichten bestehen aus drei Berufsrichtern, die üblicherweise gemeinsam einen Termin zur mündlichen Verhandlung durchführen. Gleiches gilt für die Arzthaftungssenate bei den Oberlandesgerichten.

Es ist den Gerichten aber nicht verboten, den Termin auf den sogenannten Einzelrichter zu übertragen. In Arzthaftungsangelegenheiten ist ein solcher Hergang glücklicherweise eher selten. Dies vor dem Hintergrund, dass üblicherweise von Patientenanwälten auch folgende Anregung direkt mit Einreichung der Klageschrift ausgebracht wird:

»Der Übertragung auf den Einzelrichter wird widersprochen. Die speziellen Arzthaftungskammern sind in den letzten Jahren wegen den Besonderheiten des Arzthaftungsprozesses eingerichtet worden, vor allem aber, weil solche Spezialkammern von der höchstrichterlichen Rechtsprechung selbst gefordert worden sind. Nach höchstrichterlicher Rechtsprechung ist der Tatrichter im Arzthaftungsprozess in erhöhtem Maße zur Aufklärung des medizinischen Sachverhalts verpflichtet. Der Bundesgerichtshof (BGH) hat immer wieder auf die besonders schwierige und verantwortungsvolle richterliche Aufgabe der Tatsachenfeststellung im Arzthaftungsprozess hingewiesen. Angesichts der komplexen Sachverhalte, der Besonderheiten der Beweisführung und spezieller rechtlicher Probleme hat es sich in der Vergangenheit bewährt, dass die Spezialkammern jeweils in voller Besetzung das Verfahren geführt haben. Auch die Einheitlichkeit der Rechtsprechung in formeller und materieller Hinsicht ist nur durch das Kammerprinzip gewährleistet. § 348 Abs. 1 Nr. 2 e ZPO sieht vor, dass die Entscheidung in der speziellen Arzthaftungskammer grundsätzlich nicht durch den Einzelrichter, sondern durch die Kammer in voller Besetzung getroffen wird. Für die Einzelrichterzuständigkeit eignen sich daher nur tatsächlich und rechtlich einfach gelagerte Fälle.«

In 98 Prozent aller Fälle folgen die Gerichte dieser Anregung oder stellen schon aus eigenem Antrieb und aufgrund eigener Überzeugung nicht in Frage, dass der Termin mit der vollständigen Besetzung durchgeführt wird. Dennoch kommt es ab und an vor, dass es bei der Übertragung auf den Einzelrichter verbleibt – so auch im Fall von Kevin. Dagegen steht generell kein Rechtsbehelf zur Verfügung.

Die Entscheidungsgründe des Urteils des erkennenden Landgerichts beginnen mit der nüchternen Feststellung: »Dem Kläger steht gegen das beklagte Klinikum kein Anspruch auf Schmerzensgeld und Ersatz materiellen Schadens zu.«

Einen Nichtjuristen lässt das verwundert zurück. Besonders, weil der Gutachter im bestellten Schlichtungsverfahren doch zahlreiche Behandlungsfehler attestiert hatte! Der gerichtlich bestellte Gutachter war hingegen anderer Auffassung und das Gericht hielt es trotz Aufforderung nicht für nötig, ein weiteres Gutachten, das oftmals laienhaft als Obergutachten bezeichnet wird, einzuholen.

Das Landgericht ist in allen wesentlichen Punkten den Ausführungen des von ihm bestellten Sachverständigen gefolgt und dies mit einer Begründung auf gerade einmal zweieinhalb Seiten.

Auszugsweise lässt sich aus diesen sehr übersichtlichen Entscheidungsgründen wie folgt zitieren:

»Nach den Ausführungen des Sachverständigen war das Legen der Magensonde indiziert. Auch beim Vorgang des Legens der Magensonde können keine Behandlungsfehler festgestellt werden. Die unstreitige Tatsache, dass die Magensonde zunächst im rechten Hauptbronchus lag, lässt den Schluss auf einen Behandlungsfehler nicht zu. Denn nach Seite 23 ff. des schriftlichen Gutachtens können auch bei dem hier gebotenen und fachgerechten Legen der Magensonde unter Sicht Fehllagen der Magensonde auftreten. Es war auch nicht behandlungsfehlerhaft, die Lage der Magensonde erst auf der Intensivstation zu kontrollieren. Das war noch rechtzeitig. Zwar hat der Sachverständige eingeräumt, dass die nicht mit Heparin durchgeführte Thromboseprophylaxe als behandlungsfehlerhaft anzusehen ist, aber das Gericht stuft diesen Fehler lediglich als einen einfachen, nicht aber als groben Behandlungsfehler ein. Da die unterbliebene Thromboseprophylaxe nur als einfacher Behandlungsfehler zu werten ist, kommen dem Kläger bezüglich der Kausalität zwischen diesem Behandlungsfehler und der von ihm beklagten Beschwerden keinerlei Beweiserleichterungen zugute. Eine Kausalität kann aber nicht festgestellt werden. So hat der Sachverständige nachvollziehbar ausgeschlossen, dass die unzureichende Thromboseprophylaxe zu dem Schlaganfall geführt hat.«

Gegen ein landgerichtliches Urteil ist grundsätzlich das Rechtsmittel der Berufung zulässig. In diesem Kontext ist es wichtig zu wissen, dass die Berufung einen Monat nach Zustellung des Urteils eingelegt werden muss. Bei dieser Frist handelt es sich um eine sogenannte Notfrist. Das heißt, die Frist ist nicht verlängerbar. Sie beginnt nicht erst zu laufen, wenn die Partei das Urteil in den Händen hat, sondern sobald es dem anwaltlichen Vertreter zugestellt wurde. Daher ist Eile geboten, insbesondere wenn man den Rechtsanwalt nach der ersten Instanz wechseln möchte.

Die Berufung gegen das Urteil wurde von Kevin fristgerecht eingelegt. Bei dieser Prozesssituation, nämlich dem Vorliegen zweier völlig unterschiedlicher Sachverständigengutachten, holt dann im Regelfall zumindest das Oberlandesgericht ein Obergutachten ein. Aber das Oberlandesgericht sah in Kevins Fall dazu keine Veranlassung. Es hielt die Ausführungen des gerichtlich bestellten Sachverständigen für überzeugend und sah die Feststellungen des Gutachters im Schlichtungsverfahren als überlegen an. Schließlich war der gerichtlich bestellte Sachverständige doch Direktor einer Universitätsklinik und nicht »nur« Chefarzt eines mittelgroßen Regionalkrankenhauses. Hätte man als Anwalt hier eingewandt, dass die gehobene Stellung des gerichtlich bestellten Sachverständigen bevorzugt worden und ausschlaggebend für die Entscheidung des Oberlandesgerichts gewesen sei, hätte dieses den Einwand mit größter Wahrscheinlichkeit vehement zurückgewiesen.

Letztendlich konnte das landgerichtliche Urteil nicht in einem einzigen Punkt erfolgreich angegriffen werden, weshalb das Oberlandesgericht die Berufung zurückwies. Die Revision gegen das Urteil wurde nicht zugelassen.

In einem solchen Fall verbleibt nur noch der zumeist aussichtslose Weg einer sogenannten Nichtzulassungsbeschwerde zum Bundesgerichtshof. Und die ist nur statthaft, wenn der Wert der Beschwerde in der Hauptsache 20 000 Euro übersteigt oder das Berufungsgericht die Berufung als unzulässig verworfen hat. Die Erfolgsquote bei den Nichtzulassungsbeschwerden belief sich im Jahr 2023 auf gerade einmal etwas über 3 Prozent. Bedauerlicherweise ist der Bundesgerichtshof nicht verpflichtet, die Zurückweisung der Beschwerde zu begründen, sodass oft im Unklaren bleibt, welches die Beweggründe des höchsten Zivilgerichts für die Nichtannahme des Falls gewesen sind.

So auch im Fall von Kevin. Das Beschwerdeverfahren beim Bundesgerichtshof darf nur durch dort zugelassene Rechtsanwälte durchgeführt werden. Als Rechtsanwalt beim Bundesgerichtshof kann nur zugelassen werden, wer das 35. Lebensjahr vollendet und den Beruf des Rechtsanwalts mindestens fünf Jahre ohne Unterbrechung ausgeübt hat sowie durch den Wahlausschuss für die Rechtsanwälte beim Bundesgerichtshof benannt wird. Die Zulassung selbst erfolgt durch den Bundesminister der Justiz. Derzeit sind 36 Anwälte beim Bundesgerichtshof zugelassen. Sie haben alle ihren Kanzleisitz im Stadt- oder Landkreis Karlsruhe.

Es hat mit einer simplen Zahnbehandlung begonnen und schließt mit einem Leben als Pflegefall. Die traurige Geschichte von Kevin endet für ihn mit leeren Händen, obwohl er über Jahre hinweg gesundheitlich und auch rechtlich gekämpft hat.

DIE GEPLATZTE WÄRMFLASCHE

Hier nun ein Fall, der eindrücklich zeigt, wie aus einem harmlosen Missgeschick ein ernsthaftes medizinisches Problem werden kann. Betroffen ist Monika. Sie ist 55 Jahre alt und arbeitet als Tierärztin in einer Gemeinschaftspraxis für Kleintiere.

Es ist Anfang Februar und draußen ist es kalt, eiseskalt. Monika kommt mit dem Fahrrad vom Einkaufen. Sie hat sich vor dem Supermarkt noch ein wenig mit einer Nachbarin verquatscht und ist völlig durchgefroren, als sie ihr Zuhause erreicht. Bevor sie die Lebensmittel einräumt, setzt sie schnell heißes Wasser für eine Wärmflasche auf. Das Wasser kocht noch, als sie es in die Wärmflasche gießt. Und in dem Augenblick passiert es auch schon – die Wärmflasche platzt und das heiße Wasser ergießt sich über ihren linken Unterschenkel und den Fuß. Monika reißt sich geistesgegenwärtig den nassen Socken vom Fuß und sieht direkt die Verbrühung auf ihrer Haut. Sie ruft ihren Mann Josef an, der sie umgehend ins Krankenhaus fährt.

In der Notaufnahme wird bestätigt: Monika hat sich erhebliche Verbrennungen zugezogen. Die Ärzte stufen die Verbrennung als Grad 2a ein. Beim Verbrennungsgrad 2a zeigen sich Rötungen und Blasen auf der Haut verbunden mit Schmerzen. Die obere Dermis – also die obere Hautschicht – ist verletzt. Bei der Heilung rechnet man im Regelfall nicht mit einer Narbenbildung. Beim nächsthöheren Grad 2b können sich Narben bilden, weil auch die tiefe Dermis in Mitleidenschaft gezogen wird. Bei Verbrennungen dritten Grades sind weitere Hautschichten betroffen. Es kommt zu einer vollständigen Zerstörung von Oberhaut und Lederhaut. Die Haut ist trocken, lederartig verdickt und nekrotisch. Der Patient verspürt allerdings keine Schmerzen bei Berührungen, weil die Hitze die in der Haut liegenden Schmerzsensoren zerstört hat. Die schlimmste und höchste Verbrennungsstufe ist die vierte. In einem solchen Fall sind neben den tiefen Hautschichten auch darunterliegende Muskeln, Sehnen, Knochen und Gelenke geschädigt. Die Haut ist verkohlt und schwarz verfärbt. Auch hier empfinden Betroffene oftmals keinen Schmerz, da die Nervenendigungen in der Haut zerstört wurden.

So gesehen hat Monika noch Glück im Unglück. Aber dieser scheinbar harmlose Unfall hat für sie dennoch dramatische Folgen. Die Erstversorgung in der Notfallambulanz ist zunächst vielversprechend. Monika erhält zum einen »Lavanidgel« – ein steriles Hydrogel zur Behandlung von Wunden. Es hält die Wunde feucht und fördert so die schnelle Heilung. Zusätzlich bekommt Monika »Novalgin« gegen die Schmerzen.

So weit, so gut – denkt man. Doch die Dinge nehmen schnell eine Wende. Am nächsten Tag sucht Monika ihren Hausarzt auf, denn sie hat starke Schmerzen und kann nur auf den Zehenballen laufen. Der Hausarzt schaut sich die Wunden an, bestätigt die Diagnose aus der Notfallaufnahme und gibt eine Schätzung der Heilungsdauer an: ein bis zwei Wochen, dann sollte die Brandwunde verheilt sein. Monika ist optimistisch, aber leider beginnt der Schmerz bald unerträglich zu werden. Hier zeigt sich das erste große Problem: Die Schmerztherapie ist nicht ausreichend.

Bei ihrer nächsten Vorstellung beim Hausarzt wird Monika eine Kortisonsalbe verschrieben, die ihre Schmerzen deutlich lindern sollte. Und das ist erst mal auch der Fall. Aber nach ein paar Tagen wird der Schmerz wieder schlimmer, und Monika beginnt zu zweifeln, ob ihre Behandlung wirklich die richtige ist. Die Novalgin-Dosis und die zusätzlichen Ibuprofen-Gaben werden gesteigert, bleiben aber so gut wie ohne Wirkung. An Schlaf oder das bloße Ablegen des Beines ist nicht mehr zu denken.

Mittlerweile sind knapp drei Wochen vergangen, seitdem sich Monika verbrüht hat, und die Schmerzen begleiten sie Tag und Nacht. Nach einer besonders schmerzerfüllten Nacht fährt sie erneut in die Notfallambulanz. Trotz der starken Schmerzen wird ihr gesagt, dass die Wunde gut heilt. Und das, obwohl mittlerweile ein gräulicher Bereich um die

Brandwunde entstanden ist. Der behandelnde Arzt stuft diesen Bereich als gutes Granulationsgewebe ein.

Granulationsgewebe ist ein im Rahmen der Wundheilung vorübergehend entstehendes Gewebe. Es dient bei heilenden Wunden als Abdeckung und bildet die Grundlage für eine Epithelilisierung der neu entstehenden Haut. Die Epithelisierungsphase ist die dritte und letzte Phase der Wundheilung, bei der sich die Wunde wieder schließt.

Zwei diensthabende Krankenschwestern allerdings, die ebenfalls Monikas Wunde begutachten, äußern beunruhigt, dass eine Verbrennung nach vier Wochen nicht so aussehen dürfe. Monika bekommt jetzt eine Infusion mit Schmerzmitteln. Und alle Beteiligten in der Notfallambulanz äußern sich kritisch über die bisherige Behandlung der Wunde mit Kortisonsalbe. Man rät Monika, die Salbe ab sofort nicht mehr zu verwenden und die Wunde weiter mit Lavanidgel zu behandeln. Sie bekommt einen Verband angelegt und Unterarmgehstützen verordnet. Nachdem der Arzt gegangen ist, legt eine Krankenschwester Monika eindringlich ans Herz, mit dem Bein in ein Verbrennungszentrum zu gehen. Die umsichtige Krankenschwester empfiehlt ihr vertraulich, einen »richtigen« Arzt, einen Chirurgen oder Orthopäden aufzusuchen, der sich die Verbrennung einmal anschaut.

Einige Tage später stellt sich Monika tatsächlich in einer Fachklinik vor und die untersuchende Assistenzärztin ist fassungslos. Fassungslos darüber, dass die vorherigen Ärzte den gräulichen Bereich an Monikas Bein als harmloses Granulationsgewebe angesehen haben. Stattdessen ist die Wunde nekrotisch, was bedeutet, dass das Gewebe abzusterben beginnt. Und die Assistenzärztin bewertet die Verbrennung als mindestens Grad 3 und empfiehlt dringend eine Operation. Monika ist geschockt. Es dauert eine ganze Weile, bis sie einen Operationstermin bekommt. Als es endlich so weit ist, stuft der Facharzt im Klinikum die Operation als so dringlich ein, dass er kurzfristig einen anderen OP-Termin absagt und Monika vorzieht.

Wenige Tage nach dem Eingriff geht es Monika deutlich besser. Die Schmerzen haben nachgelassen. Acht Wochen lang geht sie noch an Krücken, dann kann sie wieder ohne Hilfe laufen. Die Haut an Knöchel und Bein bleibt aber empfindlich. Monika kann nur noch besonders weiche und weite Schuhe tragen. Mittlerweile arbeitet sie wieder als Tierärztin, hat ihre Arbeitszeiten aber verringert.

Nach alledem sollte die rechtliche Auseinandersetzung eine klare Sache sein. Oder gilt auch im Arzthaftungsrecht das Sprichwort: Vor Gericht und auf hoher See ist man in Gottes Hand? Wenn man den Satz dahingehend verstanden wissen will, dass der Ausgang eines Prozesses ein Zufallsprodukt ist, so ist dies eher nicht zutreffend. Wenn man hingegen meint, der Ausgang eines Prozesses ist nie ganz sicher zu prognostizieren, zumindest im Medizinrecht, so ist dieser Einschätzung durchaus etwas abzugewinnen.

Monika hat das gerichtliche Verfahren – überraschenderweise – verloren. Unter anderem auch deswegen, weil unterschiedliche medizinische Schulen aufeinandergetroffen sind: die der Dermatologen und die der »Verbrennungsmediziner«. Im Arzthaftungsrecht gilt der Grundsatz der fachgleichen Begutachtung. Das bedeutet: Wenn ein Dermatologe verklagt worden ist, muss auch der gerichtlich bestellte Sachverständige diesem Fachgebiet angehören.

Um einmal einen Eindruck von der gerichtlichen Urteilssprache in Arzthaftungsprozessen zu gewinnen, sollen die maßgeblichen Entscheidungsgründe des rechtskräftigen Urteils wörtlich, allerdings deutlich verkürzt zitiert werden:

»Hinsichtlich der medizinischen Fragen folgt das Gericht den überzeugenden Ausführungen des Sachverständigen. Dieser hat das Gutachten nach gründlicher Auswertung der beigezogenen Behandlungsunterlagen und nach umfassender Auseinandersetzung mit dem Behandlungsverlauf und dem Vorbringen der Parteien sachlich und nachvollziehbar erstattet. Zudem war er in der mündlichen Verhandlung in der Lage, die an ihn gerichteten fachlichen Fragen mit der gebotenen gutachterlichen Distanz und mit klarer Begründung zu beantworten. Als Facharzt für Dermatologie und Venerologie verfügte er über die erforderliche Sachkunde zur Beantwortung der Beweisfragen.

Die Kammer hat auch keine Zweifel an der Unvoreingenommenheit des Sachverständigen und sieht auch hierfür keinen Anschein.«

Obwohl dieser Punkt in Monikas Fall durchaus eine Rolle hätte spielen können, denn wie die Anwaltsseite erfahren hat, haben der Sachverständige und der Beklagte gemeinsam an einer 2014 erschienenen Leitlinie gearbeitet. Das allein reichte dem Gericht allerdings nicht aus, um von einer persönlichen Beziehung der beiden zu sprechen. Der Sachverhalt wurde geprüft, aber man kam zu dem Ergebnis, dass der Arzt und der Sachverständige im Rahmen der Leitlinie nur indirekt miteinander kommuniziert und ihre Beiträge getrennt voneinander an ein Leitliniensekretariat geschickt hatten.

Leider konnte die Klägerin zudem nicht beweisen, dass die Behandlung der Verbrennungsverletzung mit der Kortisonsalbe kontraindiziert und damit fehlerhaft war.

»Der Einsatz von Kortisonsalbe ist unter Dermatologen weit verbreitet und ergibt sich aus deren Lehrbüchern. Zwar trifft der Einwand der Klägerin insoweit zu, dass der Einsatz von Kortison bei der plastisch-chirurgischen Behandlung von Verbrennungen nicht empfohlen wird. Dies macht den Einsatz im Rahmen einer dermatologischen Behandlung von Verbrennungen aber nicht fehlerhaft. Auf dieser unterschiedlichen Behandlung von Verbrennungen durch Dermatologen einerseits und Chirurgen andererseits beruht auch die abweichende Beurteilung im von der Klägerin vorgelegten Privatgutachten. Nach dem Grundsatz der fachgebietsgleichen Begutachtung ist hier der fachärztliche Standard der Dermatologie maßgebend. Der beklagte Arzt hat auch nicht fehlerhaft eine Nekrose übersehen. Es ist nicht feststellbar, dass die später diagnostizierte Nekrose schon im Rahmen der Behandlung durch den Beklagten erkennbar war.«

Bemerkenswert bleibt allerdings, dass sowohl die Krankenschwester in der Notaufnahme als auch die Assistenz im Verbrennungszentrum derart alarmiert auf den Anblick der Wunde reagiert haben.

KATZENBISS

Sie sind die heimlichen Stars auf TikTok, YouTube und Co.: Katzen. Gerade weil sie in ihrem Verhalten so unterhaltsam sind, gibt es unzählige Videos. Aber besonders Katzenfreunden sollte bekannt sein: Verletzungen durch Tiere können äußerst gefährlich werden.

Das bekommt auch »Katzenmama« Tamara schmerzhaft zu spüren. Sie ist 52 Jahre alt, früh verwitwet und sagt selbstironisch über sich: »Jetzt habe ich keinen Mann mehr, sondern Katzen.« Es sind zwei Kater. Rasmus hat einen gemütlichen Charakter, Paul dagegen ist etwas eigenwillig und fährt im wahrsten Sinne des Wortes öfter mal die Krallen aus. Bisher hat er Tamara nie verletzt, und das ist auch gut so, denn an den Krallen einer Katze können sich Keime und Bakterien befinden, die zu schlimmen Infektionen bis hin zu einer Sepsis führen können.

Wenn man von einer Katze gekratzt oder gebissen wurde, sollte man Folgendes tun:

1. Die Wunde sofort gründlich reinigen und desinfizieren.
2. Sterilen Wundverband anlegen und ruhigstellen, bei tieferen Wunden zeitnah einen Arzt aufsuchen.
3. Möglichst den Impfstatus und Gesundheitszustand der Katze überprüfen.
4. Den eigenen Impfschutz überprüfen und auffrischen, sofern nötig.
5. Die Wunde aufmerksam beobachten und Veränderungen sofort ärztlich untersuchen lassen.

Ein Katzenkratzer ist also nicht zu unterschätzen, insbesondere wenn man von einer Katze gekratzt wird, die man nicht kennt.

Tamara erwischt es an einem späten Abend im Dezember. Sie will ihren schlafenden Kater Paul streicheln, der schreckt hoch, krallt sich in Tamaras Unterarm und beißt sich in ihrem Handrücken fest.

Nachdem Paul von ihr abgelassen hat, versorgt sie die Wunde und macht sich am nächsten Morgen direkt um 8 Uhr auf zu ihrer Hausärztin, denn diesmal hat der Kater wirklich eine tiefe Bisswunde hinterlassen.

Die Ärztin dokumentiert: Patientin am Vorabend von Katze gebissen, Katzenbiss am rechten Unterarm und am Handrücken, Rötung am rechten Handrücken sowie eine Weichteilinfektion.

Tamara schildert den weiteren Ablauf in der Praxis folgendermaßen: Die Ärztin verschreibt ihr ein Antibiotikum, »Cefurax 500 mg«. Davon soll sie täglich eine Tablette morgens und abends nehmen und in zwei Tagen zur Kontrolluntersuchung wiederkommen.

Tamara fragt an dieser Stelle, ob sie nicht vielleicht besser in ein Krankenhaus fahren solle. Sie schlägt selbst eine Klinik vor, die über eine – ihrer Meinung nach – gute handchirurgische Abteilung verfügt. Daraufhin habe die Ärztin gesagt: »Das werden wir schon so schaffen.«

Tamara vertraut ihrer Hausärztin, aber am nächsten Tag hat sie massive Schmerzen in der Hand. Sie kann so gut wie nichts mehr greifen, geschweige denn heben. Die Hand ist mittlerweile stark angeschwollen und die Schmerzen verschlimmern sich stündlich. Tamara hat eine unruhige Nacht mit pochenden Schmerzen in der Hand hinter sich, als sie am nächsten Morgen wieder früh zur Praxisöffnung bei ihrer Hausärztin vorstellig wird.

Auch hier gibt es eine Dokumentation der Ärztin. Da heißt es: »Hand erwärmt und geschwollen.«

Den Rest beschreibt Tamara: Trotz der starken Symptome und Schmerzen habe ihre Ärztin keine weiteren Untersuchungen oder Maßnahmen durchgeführt. Sie habe lediglich gesagt, das Antibiotikum müsse erst noch anschlagen, das könne manchmal etwas länger dauern, sie solle am Tag darauf noch mal kommen.

Tamara gibt sich mit der Aussage zufrieden und fährt wieder nach Hause.

Jetzt kommt der Zufall ins Spiel: Noch am selben Tag hat Tamara einen Termin bei einer Gefäßchirurgin, den sie vor Wochen aus einem anderen Grund vereinbart hatte. Diese Ärztin kommt ursprünglich aus der Handchirurgie. Sie sieht sofort, dass Tamaras Hand dick angeschwollen und entzündet ist, und schickt Tamara umgehend in eine Klinik, die über eine Abteilung für Handchirurgie verfügt.

Und da geht dann alles ganz schnell. Tamara kommt in den Operationssaal und wird umgehend notoperiert. Die Hand ist bereits so entzündet und eitrig, dass auf dem Handrücken sehr viel Gewebe entfernt werden muss, teilweise bis auf die Sehnen. Der Chirurg setzt zusätzlich Platten ein, damit die Sehnen nicht auch noch verkleben.

Eine Woche später folgt eine zweite Operation, bei der unter anderem die einliegende Drainage entfernt wird.

Nach der Entlassung aus dem Krankenhaus wird Tamaras Hand wochenlang therapiert. Doch der Schaden ist da: Der Handrücken um die Narbe spannt ständig. Bei kaltem Wetter, auch im Sommer, schmerzt ihr Handrücken dermaßen stark, dass Tamara sogar im Haus einen Baumwollhandschuh trägt. Die Hand schmerzt bei Bewegung und auch im Ruhezustand. Auch optisch ist sie alles andere als schön anzuschauen. Tamaras Ärzte gehen nicht davon aus, dass sich der Zustand der Hand noch gravierend verbessern wird.

Im Rahmen des erforderlich gewordenen Verfahrens hat das erstinstanzliche Gericht, wie so häufig, einen Beweisbeschluss erlassen und einen Fachmediziner mit der Beantwortung der aufgestellten Beweisfragen beauftragt.

Die Bearbeitungsdauer bis zur Fertigstellung eines gerichtlich in Auftrag gegebenen Gutachtens variiert. Mitunter liegt ein Gutachten schon nach wenigen Monaten vor. Manchmal erfordert es aber auch ein erhebliches Maß an Geduld, da die Bearbeitung auch ein oder zwei Jahre in Anspruch nehmen kann. Problematisch wird es, wenn das Gutachten einmal erstellt ist und das Gericht einen Anhörungstermin des Sachverständigen anberaumt, dieser aber im Zeitraum zwischen der Fertigstellung des Gutachtens und dem Termin zur mündlichen Verhandlung verstirbt. In diesem Fall muss regelmäßig ein weiteres Gutachten in Auftrag gegeben werden, was die Geduld von Medizingeschädigten nicht selten erheblich auf die Probe gestellt.

Nach ausführlicher Darstellung der Vorgeschichte und Bewertung der erfolgten Maßnahmen gelangt der Sachverständige im Fall von Tamara zu dem Ergebnis, dass bei Vorliegen einer derart schwerwiegenden Infektion die orale Gabe eines Antibiotikums nicht mehr ausreichend war. Es hätte vielmehr eine Infusionstherapie mit einem Antibiotikum erfolgen müssen. Ferner hätte Tamara eindringlich klar gemacht werden müssen, welche schwerwiegenden gesundheitlichen Folgen ein Katzenbiss nach sich ziehen kann. Es hätte ausdrücklich auf eine mögliche Sepsis oder auf eine schwere Wundinfektion hingewiesen werden müssen.

Vorwerfbar ist auch, dass die Hausärztin Tamara nicht zu einem Chirurgen, idealerweise zu einem Handchirurgen, überwiesen hat. Nicht selten kommt es in diesen und anderen Fällen zu einem sogenannten Übernahmeverschulden. Der Mediziner muss stets ehrlich sich selbst gegenüber, aber auch gegenüber seinen Patienten sein und diesen mitteilen, wenn er an seine medizinischen Kompetenzgrenzen stößt. Dies ist ein Zeichen von Stärke und keinesfalls, wie es bei glücklicherweise aussterbenden »Halbgöttern in Weiß« mitunter noch vertreten wird, ein Ausdruck von Schwäche und Inkompetenz.

Zusammengefasst stellte der Sachverständige mehrere Fehler fest, die allerdings weder für sich einzeln genommen noch in Summe als grober Behandlungsfehler angesehen wurden. Weder durch ihn noch durch das erkennende Gericht. Da Tamara nicht beweisen konnte, dass bei einer zeitlich früheren Operation der Verlauf mit dem einhergehenden Gesundheitsschaden ein wesentlich anderer gewesen wäre, verblieb nur ein Verzögerungsschaden, den das Gericht in einem den Parteien unterbreiteten Vergleichsvorschlag mit 3000 Euro bezifferte und der letztendlich auch von beiden Parteien angenommen wurde.

In diesem Kontext ist nochmals darauf hinzuweisen, was gerichtlicherseits beauftragte medizinische Sachverständige oft verkennen, nämlich dass das Verhalten eines Arztes objektiv und nicht subjektiv zu beurteilen ist. Dies führt dazu, dass der Arzt wegen mangelnder Befähigung keine Entschuldigungsgründe vortragen kann, sondern ihn bei objektivem Fehlverhalten die Haftung in Gänze trifft. Diese Objektivität dient dem Patientenschutz, der Arzt soll sich nicht damit herauswinden können, dass er bestimmte Konsequenzen nicht gewollt habe. Eine objektiv fehlerhafte Behandlung führt also zu einer Haftung, auch wenn der Arzt subjektiv begründen kann, warum ihn keine Schuld trifft. Also spielt es keine Rolle, ob ein Arzt im Krankenhaus vielleicht gerade eine 24-Stunden-Schicht absolviert hat und übermüdet ist oder dass die Notaufnahme wieder einmal aus allen Nähten geplatzt ist. Die Zunahme von Fehlern in derartigen Situationen ist mehr als verständlich, juristisch aber ohne Belang.

DIE WUNDERHEILERIN

Wer an einer ernsten Erkrankung leidet, versucht oft alles, um wieder gesund zu werden. Und wenn Ärzte mithilfe der Schulmedizin an ihre Grenzen stoßen, suchen manche Patienten nach Heilung in der sogenannten Alternativmedizin, in der leider auch viele schwarze Schafe unterwegs sind. Deren Arbeit ist zu Recht umstritten. Ihr Einfluss auf den verzweifelten Patienten kann in manchen Fällen sogar tödlich enden.

Hätte man Miriam vor ihrer Erkrankung gesagt, dass sie einmal Hilfe bei einer Wunderheilerin suchen würde, hätte sie mit Sicherheit vehement den Kopf geschüttelt. Miriam ist eine 21 Jahre junge Frau. Sie arbeitet im Einzelhandel – ein Job, in dem sie aus fehlendem Antrieb hängen geblieben ist. Eigentlich wollte sie immer einen Bürojob. Aktuell ist sie Single. Ihr Freund hat sich nach dreieinhalb Jahren von ihr getrennt und der Liebeskummer ist noch frisch. In dieser Phase ihres Lebens geht es ihr einfach nicht gut. Und sie hat eine besondere Art von Büchern für sich entdeckt: Lebensratgeber. Irgendwie möchte sie ihr Leben ändern und sucht Hilfe und Anregungen in diesen Büchern.

An einem Tag im Mai steht eine Routineuntersuchung bei ihrer Frauenärztin an. Sie tastet Miriams Brust ab und erfühlt einen Knoten. Den hatte Miriam selbst noch gar nicht bemerkt, aber jetzt spürt sie ihn genau. Es folgen die üblichen Untersuchungen und leider stellt sich am Ende heraus, dass Miriam einen bösartigen Tumor in der rechten Brust hat. Die Diagnose bekommt sie im Krankenhaus.

Die Nachricht trifft Miriam wie ein Blitz mit Donnerschlag. Sie ist ängstlich und verunsichert und will sich erst einmal mit ihrer Hausärztin besprechen. Zu ihr hat sie Vertrauen, ist seit fast 15 Jahren Patientin in der Praxis und fühlt sich dort gut aufgehoben. Mittlerweile haben die beiden Frauen beinahe ein freundschaftliches Verhältnis entwickelt. Miriams Ärztin ist Fachärztin für Allgemeinmedizin und bietet außerdem Naturheilkundeverfahren an. Genau aus diesem Grund hatte Miriam sie auch als ihre Ärztin gewählt.

Diese Ärztin rät ihr, den Tumor entfernen zu lassen. Danach werde sie sich um Miriam kümmern und die Weiterbehandlung übernehmen.

Zunächst vergeht allerdings einige Zeit. Erst vier Monate später kann Miriam sich zu dem großen Eingriff durchringen, den Tumor in ihrer Brust operativ entfernen zu lassen.

Anschließend wird die Brust mit dem Latissimusmuskel wieder aufgebaut. Bei dieser Methode wird ein Teil des Rückenmuskels gemeinsam mit Haut, Unterhautfettgewebe und eventuell einem Implantat in die vordere Brustwand eingesetzt. Diese sogenannte gestielte Latissimus-dorsi-Lappenplastik zählt zu den häufigsten Methoden der Brustrekonstruktion weltweit.

Nach der Operation begibt sich Miriam, wie abgesprochen, wieder in die Hände ihrer Hausärztin. Und die hat eine ganz genaue Vorstellung davon, was jetzt zu tun oder nicht zu tun ist. Sie rät Miriam von allen gängigen Therapien nach einer Krebserkrankung ab – das sind zumeist Chemotherapie, Strahlenbehandlung und/oder Hormontherapie. Von all dem hält die Ärztin nichts. Sie sagt: »Bei der Strahlentherapie wird lediglich die Haut verbrannt.« Wörtlich spricht sie von »furchtbaren Verbrennungen« und davon, dass es durch die Bestrahlung viel schneller zu einem erneuten Tumorwachstum komme. Sie hat die Bestrahlung regelrecht verteufelt, sagt Miriam nach dem Arztbesuch.

Um Miriam gänzlich zu überzeugen, geht die Ärztin noch einen Schritt weiter. Sie involviert Miriams Mutter und missbraucht die verunsicherte Frau, die sich natürlich große Sorgen um ihre erkrankte Tochter macht, regelrecht als Werkzeug und verlängerten Arm ihrer Behandlungsratschläge. Die Ärztin zeigt Miriams Mutter ein Bild von einer komplett brustamputierten Frau, deren Haut verbrannt ist. Damit schürt sie bewusst die Angst vor einer Bestrahlung. Auch von einer Chemotherapie rät sie Mutter und Tochter ab. Die bringe ihrer Meinung nach keine generelle Verbesserung, sondern werde ihren Zustand weiter verschlimmern.

Miriam glaubt ihrer Ärztin und lässt sich auf deren Therapie ein, die aus hochdosierten Vitamin-C-Injektionen, homöopathischen Misteltropfen, Selenkapseln und einer Bioresonanztherapie besteht. Letzteres klingt eher nach einer Gerätschaft, mit der eine bekannte Sekte arbeitet, als nach einer anerkannten medizinischen Therapie – was an dem eher unwissenschaftlichen Behandlungsprinzip liegen mag.

Zur Messung berührt der Proband über mindestens zwei Elektroden ein Gerät, dessen Funktionsweise von den Herstellern nicht offengelegt wird. Vermutlich messen sie den Hautwiderstand, ähnlich einem Lügendetektor oder dem dubiosen E-Meter, das auch von Sekten verwendet wird. Einige Geräte verstärken elektrische Signale im Niederfrequenzbereich, so wie es der Verstärker einer Stereoanlage tut, wobei sich Krankheiten als vorgebliche Störung im Frequenzmuster zeigen sollen. Die Hersteller behaupten, dass durch das Verfahren ein elektromagnetisches Feld gemessen werde, das bei jedem Menschen individuell sei und alle biochemischen Vorgänge im Körper steuere. Das Auslesen dieses Feldes geschehe über sogenannte Skalarwellen, die in der Physik allerdings weder bekannt sind noch je nachgewiesen wurden. Auch die physikalischen und biologischen Grundlagen für eine »Löschung« solcher Frequenzmuster im Körper sind niemals wissenschaftlich nachgewiesen worden.

Was Miriams Ärztin da an ihr ausprobiert, ist insgesamt also sehr abenteuerlich. Und Miriam lässt die Behandlung im besten Glauben geschehen. Ein halbes Jahr später ertastet sie in ihrer rechten Brust einen neuen Knoten. Das teilt sie ihrer Ärztin mit. Die unternimmt allerdings nichts. Es erfolgt keinerlei Untersuchung. Warum auch? Sie weiß doch längst, was los ist. Sie beruhigt Miriam und sagt, so schnell könne sich gar kein neuer Tumor in dieser Größe bilden. Das, was sie da in ihrer Brust fühle, sei lediglich eine postoperative Entzündung, durch die sich das Gewebe ein wenig verändert habe. Daraufhin spritzt sie Miriam ein Lokalanästhetikum in diese Verhärtung der rechten Brust.

Miriam macht ihre Ärztin außerdem auf ein weiteres Knötchen aufmerksam, oberhalb der Brust, unter der Haut. Dieses Knötchen tastet die Ärztin einmal kurz ab und verkündet: »Das ist nur ein Lymphknoten.«

Es wird weder ein Ultraschall gemacht noch eine Mammografie veranlasst. Die Ärztin rät davon sogar ausdrücklich ab. Im Ultraschall könne man »ohnehin nichts Verlässliches erkennen«. So eine Untersuchung sei überflüssig. Miriam könne den Fähigkeiten der Ärztin beim Abtasten blind vertrauen.

Es vergehen weitere vier Monate, in denen Miriam mit Vitaminpräparaten und homöopathischen Mitteln behandelt wird. Weil sie aber spürt, wie der Knoten in ihrer Brust wächst, lässt sie sich dann doch im Krankenhaus untersuchen. Die Diagnose ist zu erahnen: Bei Miriam stellt man ein multizentrisches Krebsrezidiv fest.

Brustkrebs-Rezidive sind Tumore, die nach erfolgreicher Behandlung an der gleichen Stelle auftreten, an der der erste Tumor entdeckt worden ist. Diese Brustkrebs-Rezidive werden dann Lokalrezidive genannt. Es gibt aber auch Rezidive, bei denen die Tumorzellen über die Lymphbahnen in entfernte Körperregionen transportiert werden. Diese Fernrezidive werden auch Metastasen genannt. Brustkrebs-Metastasen finden sich besonders häufig in den Knochen, in der Lunge und in der Leber.

Miriams Metastasen sind durch genau den Knoten entstanden, den ihre Ärztin als harmlos abgetan hat. In der Klinik wird jetzt das volle Programm gefahren: Chemotherapie, Operation und anschließende Bestrahlung.

Ein Jahr später ist wieder ein Knoten in der rechten Brust gewachsen, außerdem in der Haut und im Achselbereich. Die Tumore werden operativ entfernt, dabei stellt man leider drei Lymphknotenmetastasen fest.

Kurz nach ihrem 25. Geburtstag sucht Miriam dann rechtlichen Beistand. Zu einer außergerichtlichen Regulierung ist der Haftpflichtversicherer ihrer Hausärztin nicht bereit, sodass sie den Klageweg bestreiten muss. Nicht einfach mit Blick auf ihre erheblichen gesundheitlichen Probleme, die eigentlich ihre ganze Kraft und Anstrengung benötigen. Aber Miriam ist eine sehr starke Frau mit Kämpferherz.

Der vom Gericht beauftragte Sachverständige stellte in seinem viele Seiten umfassenden Gutachten diverse Verstöße gegen die anerkannten Regeln der Heilkunde fest.

Ob diese als grobe Fehler zu bezeichnen sind, ist eine reine Rechtsfrage und keine medizinische Frage, was auch vielen Juristen nicht bekannt ist.

Generell gilt aber:

Die Anwendung nicht allgemein anerkannter Therapieformen ist »rechtlich grundsätzlich erlaubt«, so der Bundesgerichtshof in zahlreichen Entscheidungen (beispielhaft: BGH-Urteil vom 30.05.2017, VI ZR 203/16). Sofern die Patienten »um die Tragweite ihrer Entscheidung wissen«, könnten sie »jede nicht gegen die guten Sitten verstoßende Behandlungsmethode wählen«. Aus einem alternativen Behandlungsansatz könne daher nicht von vornherein auf einen Behandlungsfehler geschlossen werden.

Ärzte müssten bei einer solchen Behandlung allerdings immer die Vor- und Nachteile für den konkreten Patienten abwägen. Dabei dürften sie auch die Möglichkeiten der Schulmedizin nicht aus dem Blick verlieren. »Je schwerer und radikaler der Eingriff in die körperliche Unversehrtheit des Patienten ist, desto höher sind die Anforderungen an die medizinische Vertretbarkeit der gewählten Behandlungsmethode«, so der BGH weiter.

Den bloßen Schutzbehauptungen der Ärztin, Miriam habe Behandlungen wie Bestrahlung und Chemotherapie von sich aus abgelehnt – sie habe das auf gar keinen Fall gewollt –, konnte das Landgericht keinen Glauben schenken. Die Behauptungen wurden allein durch die Zeugenaussagen von Miriams Mutter widerlegt. Diese war bei fast allen Gesprächen zwischen der Ärztin und Miriam anwesend.

Leider verschlechterte sich während des mehr als drei Jahre dauernden Gerichtsprozesses der Gesundheitszustand von Miriam erheblich. Es wurden weitere Metastasen in der Wirbelsäule und in mehreren Organen festgestellt, die als nicht mehr operabel qualifiziert wurden.

Miriam hatte den Tod vor Augen und einen letzten Wunsch. Sie wollte mit ihrer Mutter, die sie in all den leidvollen Jahren aufopferungsvoll unterstützt und begleitet hatte, noch einmal zur Ostsee und dort ein paar Tage verbringen.

Daher erfolgte die Anregung an das Gericht, dem Haftpflichtversicherer einen Vergleichsvorschlag zu unterbreiten, der einen an sich zu niedrigen Schadensersatzbetrag zum Gegenstand haben könne. Es bestand die Hoffnung, dass der Versicherer schneller bereit wäre, der Zahlung zuzustimmen. Das Gericht kam dem Vorschlag nach und wirkte zudem auf die Gegenseite im Rahmen des Zulässigen eindringlich ein, sodass der Vergleich geschlossen werden konnte und die Zahlung eines Vergleichsbetrages in Höhe von 40 000 Euro kurzfristig erfolgte.

Miriam verbrachte in Erfüllung ihres letzten Wunsches mit ihrer Mutter einige Tage am Meer, bevor sie wenige Wochen später – viel zu früh – im Alter von nur 29 Jahren verstarb.

ÜBERDOSIS

In fast jeder Familie wird das Thema Alten- beziehungsweise Pflegeheim irgendwann akut. Nämlich dann, wenn die Mutter oder der Vater immer weniger in der Lage sind, sich selbst zu versorgen. Niemand gibt seine Eltern gern in ein Heim, aber in vielen Fällen ist es ab einem bestimmten Zeitpunkt der beste oder auch der einzige Weg. Aktuell gibt es in Deutschland rund 11 680 vollstationäre Alten- und Pflegeheime, in denen rund 918 000 Plätze zur Pflege angeboten werden. Die Begriffe Altenheim und Pflegeheim werden dabei synonym verwendet – für Wohnstätten, in denen Senioren wie in der eigenen Häuslichkeit wohnen, aber zusätzliche Pflegedienste in Anspruch nehmen können, hat sich der Begriff »betreutes Wohnen« durchgesetzt.

Die meisten kennen die Nachrichten darüber, dass in Pflegeeinrichtungen Personalmangel herrscht und das vorhandene Personal unter enormem Stress steht, die Bewohner ausreichend zu versorgen. Unter diesen Umständen können schnell Fehler passieren.

Helene lebt seit wenigen Wochen im Pflegeheim. Sie ist stolze 90 Jahre alt, sehr schlank und gebrechlich, aber im Kopf topfit. An vielen Angeboten des Heims nimmt sie gern teil, und wenn man ihr nicht regelmäßig ein neues Rätselheft besorgt, kann sie auch ungemütlich werden. In den vergangenen fünf Jahren war sie gelegentlich schon für zwei bis drei Wochen in der Kurzzeitpflege, wenn etwa ihre Kinder in den Urlaub fuhren. Nachdem Helene allerdings mehrfach in ihrer Wohnung gestürzt ist, entschieden ihre beiden Töchter, dass es das Beste sei, sie dauerhaft in der Pflegeeinrichtung unterzubringen.

Wie auch schon in der Kurzzeitpflege wurde der Einrichtung ein Medikamentenplan an die Hand gegeben, aufgestellt von Helenes Hausarzt. Unter anderem ist sie auf die Einnahme von »Marcumar« angewiesen.

Dieses Medikament kennen viele, es dient zur Vorbeugung und Behandlung von Blutgerinnseln. Marcumar ist quasi ein Gegenspieler von Vitamin K, das wichtig für die Blutgerinnung ist und vom Körper benötigt wird, um Blutungen zu stoppen.

Mit zunehmendem Alter erhöht sich das Risiko für Vorhofflimmern, Schlaganfälle, Thrombosen und Lungenembolien – aber auch für Blutungen. Deshalb ist bei der Gabe von Marcumar auch immer das Risiko für einen Schlaganfall gegen das einer schwer zu stoppenden Blutung abzuwägen. Zudem spielt die Dosierung eine entscheidende Rolle.

Viele Patienten, so auch Helene, führen einen Marcumar-Pass, aus welchem die Dosierungen und die Quick- beziehungsweise INR-Werte der Vergangenheit abzulesen sind. Der Quick-Wert sagt etwas über Störungen der Blutgerinnung aus. Da er je nach Testmethode variiert, wird heute meist der INR-Wert verwendet. Dieser gibt den Faktor an, um den die Gerinnungszeit des Blutes durch die Einnahme eines Gerinnungshemmers verlängert wird. Der Quick-Wert verhält sich gegensätzlich zum INR-Wert. Das heißt, dass ein hoher Quick-Wert mit einem niedrigen INR-Wert gleichzusetzen ist und umgekehrt.

Die Dosierung ist in Helenes Marcumar-Pass mit dem Kürzel »WD« angegeben. WD steht für Wochendosis. Letztendlich ist aber immer auch der INR-Wert, der stets zu prüfen ist, für die Dosierung maßgeblich und entscheidend.

In der Pflegeeinrichtung kommt es leider zu zwei groben Fehlern. Zum einen wird der INR-Wert am Aufnahmetag versehentlich nicht bestimmt. Zum anderen geht das Pflegepersonal davon aus, dass es sich bei der angegebenen Dosis um die Tages- und nicht die Wochendosis handelt.

Über einen Zeitraum von mehr als zwei Wochen erhält Helene daher täglich eine um das Sechsfache (!) überdosierte Menge Marcumar.

Zu Beginn der dritten Woche findet eine Pflegerin Helene am Vormittag, nur mit einem dünnen Hemd bekleidet, in sehr schlechtem Allgemeinzustand und mit starken Schmerzen auf ihrem Toilettenstuhl. Bis zu diesem Zeitpunkt war die 90-Jährige offensichtlich noch nicht vom Pflegepersonal versorgt worden, da Maßnahmen wie beispielsweise die Anlage von Kompressionsstrümpfen oder die Morgenwäsche nicht stattgefunden hatten.

Die Pflegerin ruft den Rettungsdienst, und der bringt Helene in die nächstgelegene Klinik.

Im Krankenhaus stellt man relativ schnell eine massive Marcumar-Überdosierung fest. Umgehend werden Gegenmaßnahmen eingeleitet. Leider fruchten diese nicht mehr. Helene verstirbt bereits einen Tag später an den Folgen der Überdosierung.

Ihre beiden Töchter, die beide gesetzliche Erbinnen geworden sind, wollen die Angelegenheit nicht auf sich beruhen lassen und suchen daher nach anwaltlicher Unterstützung. Helene verfügt über eine eigene Rechtsschutzversicherung, zu der ihre Kinder im ersten Schritt Kontakt aufnehmen. Diese spricht sehr schnell eine Anwaltsempfehlung aus.

Dazu sollte man wissen, dass ein Versicherungsnehmer immer das Recht hat, einen Anwalt frei zu wählen. In arzthaftungsrechtlichen Angelegenheiten sollte dabei maßgeblich sein, ob die Rechtsanwältin oder der Rechtsanwalt im Bereich des Medizinrechts, insbesondere des Arzthaftungsrechts, langjährige Erfahrungen hat und zumindest schwerpunktmäßig in diesem Segment tätig ist. Dabei mag der Betroffene selbst entscheiden, ob er einen Anwalt wählt, der ausschließlich auf Patientenseite tätig ist, oder einen, der mal Patienten und mal Ärzte vertritt.

Die Empfehlungen der Rechtsschutzversicherer berücksichtigen die Erfahrung und Kompetenzen der Anwälte allerdings nicht immer – wenn überhaupt. Zumeist haben die empfohlenen Anwälte eine Gebührenvereinbarung mit dem Versicherer, in der sie sich verpflichten, zu einem geringeren Honorar tätig zu werden. Das spart den Versicherungen schlichtweg Geld. Dabei scheint es nun so zu sein, dass es für den Versicherer nicht wirklich entscheidend ist, ob der Anwalt vertiefte Kenntnisse im Arzthaftpflichtrecht hat oder nicht.

Die Pflegeeinrichtung, die letztendlich Helenes Versterben zu verantworten hatte, zeigte sich zunächst nicht kooperativ. Es schien fast so, als ob sie keine Betriebshaftpflichtversicherung abgeschlossen hätte. Die ist zwar mehr als empfehlenswert, zumeist auch vorhanden, aber nicht verpflichtend.

Nach einigem Hin und Her wurde die Versicherung dennoch genannt, und es konnte eine sachliche Auseinandersetzung über die bestehenden Schadensersatzansprüche erfolgen. Die angefallenen Beerdigungskosten, die die Erben zu tragen hatten, sind dabei unproblematisch erstattet worden. Über die weiter geltend gemachte Schmerzensgeldforderung, die vererblich ist, mussten einige Diskussionen geführt werden.

Schmerzensgeld ist immaterieller Schadensersatz und wird grundsätzlich für die Schmerzen geschuldet, die der Verstorbene vor dem Tod erleiden musste. Sofern der Verstorbene zusätzlich noch Todesängste gelitten hat, ist auch für diese psychische Belastung ein Ersatz in Geld geschuldet – das Schmerzensgeld erhöht sich entsprechend.

Es gibt in Deutschland keine Anspruchsgrundlage, kein Gesetz, das für die Verminderung der Lebenserwartung einen Geldbetrag zusprechen würde. Erhält der Geschädigte aufgrund der Verletzungen eine Schmerzensgeldrente, so ist die Schmerzensgeldrente selbst dann nicht zu erhöhen, wenn die Lebenserwartung des Betroffenen durch die Verletzungen vermindert wird.

Tritt der Tod unmittelbar ein, also innerhalb weniger Sekunden, ist gar keine Schmerzensgeldzahlung geschuldet, da der Geschädigte »nur« sein Leben verloren hat, was nicht entschädigt wird. Für das seelische Leid der Hinterbliebenen, zu erfüllende Verpflichtungen aus Unterhalt, die Kosten der Beerdigung et cetera greifen andere Mechanismen des Schadensersatzes.

Maßgebend für die Höhe des Schmerzensgeldes bei einer Körperverletzung, an deren Folgen der Verletzte verstirbt, sind im Wesentlichen die Schwere der Verletzungen, das durch diese bedingte Leiden, dessen Dauer, das Ausmaß der Wahrnehmung der Beeinträchtigung durch den Verletzten und der Grad des Verschuldens vonseiten des Schädigers.

Helene verstarb nur einen Tag nach ihrer Einlieferung ins Krankenhaus an den Folgen der Marcumar-Überdosierung. Mithin eine recht kurze Leidenszeit, sodass das Schmerzensgeld eher bescheiden bleiben musste. In Summe erhielten die beiden Töchter als Erbinnen, immerhin ohne langwierigen Prozess, einen Schadensersatzbetrag von 22500 Euro.

DRAMA IM KREISSSAAL

Warum heißt es eigentlich Kreißsaal? Der Begriff kommt aus dem 17. Jahrhundert und hat nichts mit der Form eines Kreises zu tun. Er stammt von dem mittelhochdeutschen Verb »krizen« ab, was so viel bedeutet wie schreien oder stöhnen. Die Weiterbildung ist unser heutiges Verb »kreischen«. Das »Kreißen« aus dem Kreißsaal bedeutet letztendlich »Wehen haben« oder »gebären«.

Das nur als kurze Erklärung aus der Kategorie »Besserwisser«.

Das hier folgende Drama beginnt zunächst einmal mit und in einer wunderschönen Zeit für Lena. Sie ist zum zweiten Mal schwanger und freut sich zusammen mit ihrem Mann und dem dreijährigen Geschwisterkind ganz wahnsinnig auf ihr zweites Töchterchen. Lena ist in der 33. Schwangerschaftswoche. Bisher verläuft alles problemlos und Lena kann diese Schwangerschaft viel mehr genießen als die erste. Sie hat weniger Beschwerden und deutlich weniger Ängste als bei ihrem ersten Kind.

Deshalb geht Lena auch sehr entspannt zur Kontrolluntersuchung bei ihrer Frauenärztin. Die hat an diesem Tag allerdings weniger gute Nachrichten für sie: Das Baby befindet sich in Lenas Gebärmutter in Beckenendlage. Die Beckenendlage ist eine Kindslage in der Gebärmutter, bei der nicht der Kopf, sondern das Beckenende des ungeborenen Kindes vorangeht. Dabei befindet sich der Kopf des Kindes am oberen Rand der Gebärmutter. Das Kind liegt im Mutterleib also mit dem Kopf nach oben und nicht, wie es ab einem gewissen Punkt der Schwangerschaft sein sollte, mit dem Köpfchen in Richtung Geburtskanal.

Die Frauenärztin klärt Lena auf, was man machen kann, um einen Kaiserschnitt zu vermeiden. Nämlich das Kind in ihrem Bauch durch eine »äußere Wendung« drehen. Die äußere Wendung ist eine mechanische Methode, um die Lage des ungeborenen Kindes durch die Bauchdecke der Mutter hindurch so zu verändern, dass das Baby in Schädellage zu liegen kommt.

Die Ärztin merkt aber auch wörtlich an, dass »so eine Drehung äußerst brutal ist und auch nur in der Hälfte der Fälle zum Erfolg führt«. Daraufhin entscheidet sich Lena gegen dieses vorgeburtshilfliche Manöver.

Lena stellt sich nach dem Termin bei ihrem Arzt im Krankenhaus vor. Dieser bestätigt die Beckenendlage ihres Kindes, erzählt ihr dann aber ganz andere Dinge:

Er rät dringend zur »äußeren Wendung«, die sei auch nicht brutal, sondern im Gegenteil besonders erfolgversprechend. Auch wenn es nicht klappen würde, wäre eine Beckengeburt für eine Zweitgebärende wie Lena nicht besonders riskant, zumal das zweite Kind ähnlich groß sei wie das erste. Einen Kaiserschnitt könne man immer noch früh genug durchführen.

Und hier haben wir den Klassiker: zwei Ärzte – zwei völlig verschiedene Meinungen. Das wird sonst gern den Juristen zugeschrieben. »Vier Juristen – fünf Meinungen.«

Bemerkenswert dann noch die Frage, die Lena dem Arzt zum Abschluss stellt: Sie fragt, warum man das Ungeborene denn überhaupt drehen müsse, wenn eine Geburt in Beckenendlage kein Problem sei. Ebenso bemerkenswert die Antwort des Arztes: Eine »normale« Geburt mit richtiger Lage des Kindes sei immer noch einfacher.

Lena entscheidet sich nach reiflicher Überlegung dafür, das Kind von außen wenden zu lassen. Das würde sie heute nicht noch einmal machen lassen.

Lena ist in der 39. Schwangerschaftswoche, als das Manöver durchgeführt wird. Sie beschreibt das Ganze als tatsächlich äußerst brutal. Mehr als eine Stunde lang mühen sich ihr Arzt und eine weitere Ärztin an ihrem Bauch ab, drücken und drehen mit vollem Körpereinsatz. Ohne Erfolg. Sie brechen ihre Bemühungen schließlich ab, und Lena soll eine Nacht zur Beobachtung im Krankenhaus bleiben.

Nach diesem massiven Manöver der Ärzte glaubt Lena, ihr Kind nicht mehr spüren zu können, das sagt sie auch den Ärzten. Diese führen gleich mehrere CTGs durch. Die Cardiotokografie, kurz CTG, stellt das Standardverfahren zur gleichzeitigen Überwachung und Aufzeichnung der fetalen Herztätigkeit und der mütterlichen Wehentätigkeit dar.

Alles ist unauffällig. Drei Tage später wird ein weiteres CTG gemacht. Lena teilt den Ärzten noch einmal mit: »Ich spüre das Baby nur noch ganz selten, anders als vor der missglückten Drehung.«

Wieder heißt es von den Klinikärzten: »Die Werte sind absolut in Ordnung.«

Eine Woche später kommt Lena erneut in die Klinik. Sie sagt, ihre Fruchtblase sei geplatzt. Der Arzt stellt tatsächlich einen vorzeitigen Blasensprung fest. Tritt vor den Geburtswehen und somit auch vor dem normalen Geburtstermin Fruchtwasser aus der Fruchtblase aus, so bezeichnet man dies als vorzeitigen Blasensprung. Mögliche Folgen sind zu großer Fruchtwasserverlust, Infektionen, Blutungen und Fehlgeburten. Ein zu großer Fruchtwasserverlust kann Entwicklungsdefizite beim Fötus nach sich ziehen. Ebenso stellen die möglichen Infektionen eine große Gefahr für die Schwangerschaft dar, weshalb in der Regel nach einem vorzeitigen Blasensprung Antibiotika gegeben werden.

Bei Lena können die Untersuchungen allerdings keinen Verlust von Fruchtwasser nachweisen. Manchmal kann es vorkommen, dass die Fruchtblase an einer Stelle leicht einreißt. Dann tritt nur eine sehr geringe Menge Fruchtwasser aus. Manchmal sogar nur ein paar Tröpfchen. Dies wird als hoher Blasensprung bezeichnet. Es ist schwierig, diese Art von Blasensprung von vaginalem Ausfluss oder ungewolltem Urinverlust zu unterscheiden.

Lena wird wieder nach Hause geschickt, nur um dann am nächsten Tag wieder die Klinik aufzusuchen, weil jetzt sehr viel Fruchtwasser abgegangen ist. Sie weist die Ärzte auf die grünliche Verfärbung des Fruchtwassers hin. Daraufhin sagt man Lena lediglich, sie solle es sich erst einmal auf ihrer Station gemütlich machen und abwarten, bis die Wehen einsetzen. Grünes Fruchtwasser müsse nicht unbedingt etwas Schlimmes bedeuten.

Muss es nicht, kann es aber. Grünes Fruchtwasser kann darauf hindeuten, dass es einen kurzzeitigen Sauerstoffmangel gab. Bei übertragenen Babys kann grünes Fruchtwasser ganz normal sein, bei Frühgeburten jedoch deutet es auf eine Infektion des Säuglings hin. Ab ungefähr der 13. Schwangerschaftswoche lagern sich Abfallprodukte, die durch den Atmungs- und Schluckprozess des ungeborenen Kindes zustande kommen, in seinem Darm ab. Normalerweise werden diese 12 bis 48 Stunden nach der Geburt vom Baby als Mekonium – umgangssprachlich als Kindspech bezeichnet – wieder ausgeschieden. Wird das Mekonium bereits vor der Geburt ausgeschieden, verfärbt sich das Fruchtwasser grün. Dies geschieht bei etwa 10 bis 12 Prozent aller Geburten. Es gibt viele verschiedene Gründe für das vorzeitige Ausscheiden. Aber auch wenn das Fruchtwasser grün ist, treten nur sehr selten akute Notfälle ein. Insoweit war die Aussage der Krankenhausärzte nicht falsch.

Zwei Stunden nach ihrer erneuten Aufnahme wird bei Lena eine Ultraschalluntersuchung durchgeführt und das Gewicht des Kindes mit 3300 Gramm ermittelt.

Eine weitere gute Stunde später beschließen die Ärzte, die Geburt einzuleiten. Lena fragt, warum denn jetzt doch? Und bekommt die Antwort: Das Fruchtwasser sei ja ein bisschen grün gewesen.

Noch eine Stunde später bekommt Lena ein wehenförderndes Medikament. Kurz darauf setzen die Wehen alle 10 bis 15 Minuten ein.

Lena kommt in den Kreißsaal. Ab jetzt kümmert sich eine Hebamme um sie und die Herztöne des Ungeborenen werden nunmehr permanent überwacht. Die Hebamme ruft den Arzt, als der Muttermund sechs Zentimeter geöffnet ist. Der Arzt sagt: »Das sind noch keine sechs Zentimeter«, und er geht wieder.

Nachmittags um 15:00 Uhr werden die Herztöne des Kindes immer schwächer. Während der Wehen fallen sie noch weiter ab. Die Abstände zwischen den Herzschlägen werden immer größer. Nach einer Wehe erholen sich die Herztöne kurzzeitig wieder. Mittlerweile hat Lena alle drei bis vier Minuten eine Wehe.

Weitere zwei Stunden später entscheidet sich der leitende Arzt, Blut aus dem Fuß des ungeborenen Babys zu entnehmen, um den pH-Wert zu prüfen. Auch zu diesem Zeitpunkt verlangsamen sich die Herzschläge des Kindes. 50 Schläge pro Minute, normal wären 140 bis 150 Schläge. Lena gerät langsam in Panik und will, dass ihr Kind jetzt per Kaiserschnitt geholt wird. Der Arzt sieht dazu noch keine Veranlassung und verlässt wieder den Kreißsaal.

Eine halbe Stunde, nachdem der Arzt den Kreißsaal verlassen hat, fallen die Herzschläge von Lenas Baby drastisch ab. Auf 20 Schläge pro Minute. Sie erholen sich jetzt auch in den Wehenpausen nicht mehr.

Lena erhält einen Wehenblocker und wird für die Operation vorbereitet. Der Arzt glänzt immer noch durch Abwesenheit. Mehrfach versucht die Hebamme ihn telefonisch zu erreichen, und rät Lena: »Wenn der Arzt kommt, sagen Sie besser nichts.« Dieser Satz bleibt Lena im Gedächtnis, in der akuten Situation kann sie aber nicht weiter darüber nachdenken.

15 Minuten später erscheint dann der Arzt im Kreißsaal. Lena beschreibt ihn als verschlafen. Er reibt sich die Augen und trägt keinen Arztkittel. Den zieht er sich erst vor ihren Augen an.

Der Arzt weigert sich nach wie vor, das Kind per Kaiserschnitt zu holen. Erst als eine erneute Blutprobe des Babys einen äußerst schlechten pH-Wert zeigt, beschließt er zu operieren.

Auf dem Weg in den OP schaut Lena besorgt auf das mobile CTG-Gerät. Auf dem sind zu diesem Zeitpunkt gar keine Herztöne ihres Babys mehr zu hören. Die Hebamme und der Arzt schauen auf den Monitor. Sie sehen es also selbst und sagen beide unisono: »Sie sollten sich keine Sorgen machen.«

Am frühen Abend gegen 19:30 Uhr wird Lenas Tochter Sophie per Kaiserschnitt geboren. Das Kind zeigt keinerlei Aktivität. Die Nabelschnur hat sich dreimal straff um den kleinen Hals des Säuglings gewickelt. Das war der Grund dafür, dass während der Wehen die Herztöne des kleinen Mädchens immer wieder abgefallen waren. Der Säugling wurde bei dem langen Geburtsverlauf regelrecht stranguliert. Aber Sophie lebt. Sie kann reanimiert werden.

Doch es bleiben erhebliche gesundheitliche Schäden zurück. Unter anderem:

- Geistig und körperlich ist Sophie schwerstgeschädigt – Behinderung zu 100 Prozent.
- Sie kann – zumindest bis zum Verfahrensende – nicht allein sitzen, geschweige denn stehen oder gehen.
- Ein Sprachvermögen ist bis dahin kaum vorhanden.

Sophie hätte vollkommen gesund auf die Welt kommen können, wenn nicht diverse Fehler gemacht worden wären, die der vom Gericht beauftragte Fachmediziner im Einzelnen in einem sehr umfangreichen Gutachten benannt hat.

Die da wären:

»Das Geburtsmanagement war in mehrfacher Hinsicht schlichtweg fehlerhaft. Es hätte in erster Linie zu einem viel früheren Kaiserschnitt kommen müssen. Es ist deutlich zu lange abgewartet worden. Die Herztöne des Babys waren bereits Stunden vor dem Notkaiserschnitt, der im Endeffekt dann durchgeführt worden ist, viel zu niedrig. Die Wehentätigkeit war auch äußerst schlecht, sodass bereits zu dem Zeitpunkt eine Sectio, also ein Kaiserschnitt, hätte erfolgen müssen.

Dann war die äußere Wendung kontraindiziert. Diese macht man nicht in der 39. Schwangerschaftswoche, sondern nur in der 36. bis 38. Schwangerschaftswoche.«

Weiterhin war fehlerhaft, und das ist ein Problem in vielen Krankenhäusern, dass der die Geburt zu verantwortende Arzt nicht während des gesamten komplikationsbehafteten Geschehens im Geburtsverlauf anwesend war. »Das hätte er aber sein müssen«, so der Sachverständige weiter.

All diese Fehler führten im Endeffekt zu einem stattgebenden Urteil. In der ersten Instanz hat das schwerstgeschädigte Kind einen Schmerzensgeldbetrag in Höhe von nahezu 200 000 Euro bekommen. Das entsprach aber nicht den Vorstellungen von Lena und ihrem Mann, sodass sich eine zweite Instanz vor dem zuständigen Senat des Oberlandesgerichts anschloss. In dieser wurde hinsichtlich des Schmerzensgeldes ein Vergleich geschlossen, und zwar – auf Anraten des Gerichts – über einen Betrag von 300 000 Euro.

In erster Instanz wurde zudem ausgeurteilt, und dies hatte in zweiter Instanz auch Bestand, dass alle künftigen Schäden des Kindes, seien sie materiell-rechtlicher oder immateriell-rechtlicher (diese soweit nicht vorhersehbar) Natur, ausgeglichen werden müssen. Wenn also das Kind irgendwann einmal nicht arbeiten gehen kann, muss der Verdienstausfallschaden erstattet werden. Wenn es den Haushalt nicht oder nur teilweise führen kann, der Haushaltsführungsschaden. Der Pflegemehrbedarf und anderes mehr. Die sich ergebenden Schadensersatzbeträge können den Schmerzensgeldbetrag sehr schnell und deutlich übersteigen. Bei einer durchschnittlichen Lebenserwartung können sie durchaus im zweistelligen Millionenbereich liegen.

Dennoch hätten Lena und ihr Mann gern auf jeden Schadensersatz verzichtet und ihr Leben mit einer gesunden Tochter verbracht.

VITAMIN K

Die ersten Minuten eines neugeborenen Babys sind besonders aufregend. Nach dem kurzen Kuscheln mit der Mama erlebt der Säugling schon seinen ersten Gesundheitscheck. Noch im Kreißsaal findet die U1-Untersuchung statt, die erste von zwölf Vorsorgeuntersuchungen im Kindesalter. Sie wird von einem Arzt oder einer Hebamme durchgeführt. Bei der U1-Untersuchung geht es darum, den Zustand des Neugeborenen nach der Entbindung zu kontrollieren. Dabei werden die Atmung, der Puls, die Muskelbewegung, die Reflexe und das allgemeine äußere Erscheinungsbild begutachtet. Außerdem wiegt und vermisst man den Säugling, wozu auch der Kopfumfang gehört. Aus der Nabelschnur entnimmt der Arzt Blut zur Bestimmung des pH-Werts, um eine Minderversorgung mit Sauerstoff auszuschließen. Und den Eltern wird die Frage gestellt: »Sollen wir Ihrem Kind Vitamin K geben?«

Es kommt immer wieder vor, dass Mutter, Vater oder auch beide noch nie von Vitamin K gehört haben. Es hilft bei der Mineralisierung der Knochen und reguliert die Blutgerinnung. Obwohl das Vitamin kaum bekannt ist und noch immer wissenschaftlich wenig erforscht wird, steht fest, dass Vitamin K im gesamten Körper wirkt und einen positiven Einfluss auf die Zähne, das Blut, die Gefäße, Knochen und das Herz hat. Obwohl es so nützlich und wichtig ist, kann der Körper eines Neugeborenen dieses Vitamin allerdings kaum selbst bilden. Es ist also notwendig, es von außen zuzuführen. Vitamin-K-Mangel kann bei gesunden Neugeborenen durch die fehlende Aktivierung der Gerinnungsproteine bereits in der ersten Lebenswoche zu schweren Blutungen, insbesondere Gehirnblutungen, führen. Vitamin K gehört für Neugeborene in Deutschland zur allgemeinen Prophylaxe dazu und wird üblicherweise in Tropfenform bei der U1-, U2- und U3-Untersuchung verabreicht. Es ist jedoch keine

Pflichtgabe. Die Eltern allein entscheiden, ob ihr Baby Vitamin K bekommen soll.

Immer mehr Eltern sind der Meinung, dass ihr Baby nur dann Vitamin K für Neugeborene bekommen soll, wenn es einen anstrengenden Geburtsprozess durchlaufen hat oder zu früh zur Welt kam. Ansonsten verzichten sie darauf und vertrauen auf die Inhaltsstoffe der Muttermilch, in der ebenfalls Vitamin K enthalten ist. Allerdings nicht in ausreichender Menge, so die herrschende fachmedizinische Auffassung.

Im Fall der kleinen Lisa-Marie bereut ihre Mutter Lydia die Entscheidung gegen die Vitamin-K-Gabe bitterlich. Ihre Tochter wird nur sieben Monate und fünf Tage alt. Am Tag der Geburt prasseln viele Eindrücke und Informationen auf Lydia ein, und als ihr die Frage nach der Verabreichung von Vitamin K gestellt wird, entscheidet sie sich dagegen. Freunde und Bekannte hatten ihr zum einen davon abgeraten, zum anderen verweigerte sie die Gabe, weil der Arzt auf ihre Frage, ob Vitamin K ein chemischer oder natürlicher Stoff sei, lediglich antwortete: »Das weiß ich auch nicht.«

Zu diesem Fall muss man wissen, dass sich Lydia schon vor der Geburt Sorgen um ihre ungeborene Tochter gemacht hat. Bei einem Screening in der Schwangerschaft teilt ihr der Frauenarzt mit, dass das Ungeborene keine Gallenblase habe. Das sei aber nicht lebensgefährlich. Natürlich ist Lydia trotzdem beunruhigt. Nach der Geburt der kleinen Lisa-Marie und nachdem Lydia das Vitamin K abgelehnt hat, weist sie die Ärzte auf den Verdacht der fehlenden Gallenblase hin. Daraufhin führt die Kinderärztin in der Geburtsklinik im Beisein der Mutter eine Sonografie des Bauches durch und findet überraschend die Gallenblase. Es sei alles in Ordnung, Lydia müsse sich keine Sorgen machen, alles sei normal und das Kind gesund. In den nächsten Stunden fällt der Mutter allerdings auf, dass der Urin des Babys sehr dunkel ist. Auch da beruhigt sie die Ärztin. Blut im Urin sei völlig normal.

Am nächsten Tag wird dem Säugling am Handrücken Blut entnommen. Hier fällt Lydia und auch der anwesenden Hebamme auf, dass das

Blut von Lisa-Marie auffällig langsam gerinnt. Darauf angesprochen, wiegelt die Ärztin abermals ab: »Alles im normalen Bereich.«

In den nächsten Wochen nimmt Lydia die weiteren U-Untersuchungen bei ihrer Hausärztin wahr und sucht einmal in der Woche ihre Hebamme auf. Beiden erzählt sie, dass Lisa-Marie sehr häufig und heftig erbricht (sie bezeichnet es als fontänenartig). Und die Kleine hat eine gelbliche Hautfarbe. Lydia berichtet, dass ihre Ärztin und auch die Hebamme abwiegeln, es gäbe keinen Handlungsbedarf, sie solle ihre Tochter weiter beobachten.

Was macht eine Mutter, wenn nicht das?

Der Säugling erbricht sich und schreit immer häufiger. Bei Lydia liegen die Nerven blank. Ihr Baby ist 31 Tage alt. Lydia fährt mit ihrem schreienden Kind ins Kreiskrankenhaus. Dort läuft ihr zufällig ein Oberarzt der Pädiatrie über den Weg, der einen intensiven Blick auf das Baby wirft. Nach weiteren Untersuchungen stellt er eine Hirnblutung fest und leitet Mutter und Kind sofort an die Spezialisten der Neurochirurgie weiter. Die operieren den Säugling innerhalb von drei Tagen zweimal. Und sie werfen Lydia vor, dass sie den Zustand ihrer Tochter zu verantworten habe, weil sie die Gabe des Vitamin K verweigert habe und das Kind daher zu Blutungen neige.

Lydia ist wütend auf die Ärzte, macht sich aber gleichzeitig selbst die größten Vorwürfe.

Und plötzlich spielt die Gallenblase wieder eine Rolle. Die Ärzte vermuten eine Gallengangatresie. Die Gallenatresie ist ein Geburtsfehler, bei dem sich die Gallengänge immer mehr verengen und kurz nach der Geburt blockiert sind, sodass keine Galle in den Darm gelangen kann. Dieser Defekt führt dazu, dass sich Gallenflüssigkeit in der Leber sammelt, was zu irreversiblen Schäden des Organs führen kann. Das Kind wird ein drittes Mal operiert, nach der sogenannten Kasai-Methode, bei der die äußeren Gallengänge an der Leberpforte entfernt werden. Eine Dünndarmschlinge wird entnommen und der verkürzte Dünndarm wieder zusammengenäht. Die Gallengänge werden dann direkt mit dieser ausgeschalteten Dünndarmschlinge verbunden.

Jetzt endlich kehrt ein wenig Ruhe ein. 100 Tage lang wird das Baby beobachtet, alle zwei Wochen vom Gastroenterologen untersucht und alle vier Wochen in der Neurochirurgie. Nach etwa drei Monaten verschlechtern sich die Blutwerte des Kindes immer mehr. Erst sehr spät wird der sogenannte Quick-Wert ermittelt. Dieser erfasst die Störungen der Blutgerinnung und ist bei Lisa-Marie dramatisch niedrig. Das kleine Mädchen braucht jetzt eine neue Leber und kommt auf die Transplantationsliste. Auch hier beruhigen die Ärzte: Die Lage sei ernst, aber man habe noch genügend Zeit.

Leider entwickelt es sich anders, der Zustand des Säuglings verschlechtert sich rapide. Es bildet sich ein Wasserkopf. Nun soll erst ein Implantat im Hirn gelegt werden, damit Liquor ablaufen kann. Es folgen weitere Operationen, dann versagt Lisa-Maries Leber. Für eine Transplantation ist der Körper des Babys zu geschwächt und die postoperativen Wunden hören nicht auf zu bluten. Die Kleine hängt an der Dialyse. Die Atmung wird immer schwächer. Eigentlich müssten die Ärzte intubieren, aber das verkraftet der kleine Körper nicht mehr. Lisa-Marie stirbt nach sieben Monaten und fünf Tagen in den Armen ihrer Mutter. Eine sehr, sehr traurige Geschichte.

Glücklicherweise erhielt Lydia bei dem für ihren Wohnsitz zuständigen Amtsgericht einen Beratungshilfeschein und konnte damit anwaltliche Beratung in Anspruch nehmen. In allen Bundesländern bis auf Bremen und Hamburg haben Medizingeschädigte, die die Kosten einer Rechtsberatung nicht selbst aufbringen können, die Möglichkeit, Beratungshilfe zu beantragen. So können sich auch Personen mit geringem Einkommen und wenig Vermögen außerhalb eines gerichtlichen Verfahrens rechtlich beraten lassen. In Hamburg und Bremen gibt es anstatt der Beratungshilfe eine öffentliche Rechtsberatung. In Bremen wird diese durch die Arbeitnehmerkammern durchgeführt. In Hamburg erfolgt die öffentliche Rechtsberatung durch Volljuristen, also durch Rechtsanwälte und Richter.

Davon zu unterscheiden ist die Prozesskostenhilfe im gerichtlichen Verfahren, die der Volksmund oftmals fälschlich Prozesskostenbeihilfe nennt. Wird ein gerichtliches Verfahren notwendig, kann bei geringem Einkommen und Vermögen Prozesskostenhilfe in Anspruch genommen werden. Die Kosten der Prozessführung werden dann ganz oder teilweise vom Staat getragen. Die klagende Partei hat allerdings ihr Vermögen einzusetzen, soweit dies zumutbar ist. Aber Vorsicht: Wer den Prozess verliert, muss in jedem Fall – auch, wenn ihm Prozesskostenhilfe bewilligt wurde – die anwaltlichen Kosten des Gegners tragen. Daher ist im Vorfeld eine sorgsame Abstimmung mit dem Patientenanwalt ratsam.

Nach anwaltlicher Beratung wurde über die Krankenkasse der zuständige Medizinische Dienst (früher MDK) mit der Erstellung eines (kostenfreien) Gutachtens beauftragt. § 66 SGB V (Sozialgesetzbuch) sieht vor, dass die Krankenkassen die Versicherten bei der Verfolgung von Schadensersatzansprüchen aus Behandlungsfehlern unterstützen sollen. Bis vor einigen Jahren war diese Vorschrift noch als »Kann«-Vorschrift ausgestaltet. Geändert wurde die Regelung Anfang des Jahres 2013 infolge des Gesetzes zur Verbesserung der Rechte von Patienten (Patientenrechtegesetz). Aus einer »Kann«- ist dabei eine »Soll«-Vorschrift geworden.

Auf mehr als 40 Seiten hat sich ein renommierter und habilitierter Facharzt für Kinderheilkunde ausführlich mit der Leidensgeschichte von Lisa-Marie auseinandergesetzt. Seine wesentlichen Feststellungen und Bewertungen sind verkürzt zusammengefasst die folgenden:

»Jeder Säugling braucht zusätzlich Vitamin K. So kann das Risiko einer Vitamin-K-Mangelblutung gesenkt werden. Doch wann, in welcher Form und Menge sollte Vitamin K dem Neugeborenen verabreicht werden? Vitamin K nimmt eine Schlüsselfunktion bei der Bildung von Blutgerinnungsfaktoren wie Prothrombin ein. Bei einem Vitamin-K-Mangel kann es zu Hirn-, Haut- und Darmblutungen kommen. Da Neugeborene noch keinen ausreichenden Vitamin-K-Speicher besitzen, sind sie auf Vitamin-K-Zufuhr nach der Geburt angewiesen.

Für das Kindesalter ist die Lebertransplantation nach Gallengangsatresie eine der häufigsten Transplantationsindikationen. Dabei ist die Gallengangsatresie selten und kommt nur bei 1 : 20 000 Neugeborenen vor. Das sind knapp 40 Fälle in Deutschland pro Jahr. Der Pathomechanismus ist unverändert unbekannt. Dagegen ist das Behandlungsziel klar: Überleben mit der eigenen Leber, auch um Spenderorgane zu sparen.

Die Operation wurde erfolgreich vorgenommen, und die Anastomose war initial funktionsfähig. Es kam zu einer intermittierenden Entlassung nach Hause. Im Laufe einiger Monate zeigte sich allerdings, dass der Gallefluss in den Dünndarm nicht funktionierte. Ein chronisches und akutes Leberversagen machte eine Lebertransplantation akut erforderlich, die aber wegen einer fortgeschrittenen Enzephalopathie und einem Multiorganversagen nicht mehr zustande kam.«

Das Gutachten sah sich der einen oder anderen Rückfrage ausgesetzt, die der Krankenkasse mit der Bitte um Beantwortung durch den Gutachter zugeleitet wurden und die dieser auch tatsächlich ausführlich beantwortete. Im Endeffekt änderte sich seine Bewertung im Ergebnis allerdings nicht. Er konnte keine Fehler feststellen.

Der nachfolgende Versuch, über die Gutachterkommission der Ärztekammer ein weiteres Gutachten erstellen zu lassen, scheiterte daran, dass beide beschuldigten Krankenhäuser dazu ihre Zustimmung verweigerten. Im Rahmen der Verfahren bei den Gutachterkommissionen und Schlichtungsstellen kann geklärt werden, ob ein Gesundheitsschaden vorliegt, ob die Behandlung fehlerhaft erfolgt ist und ob der Gesundheitsschaden nachweisbar auf einen Behandlungsfehler zurückzuführen ist. Unabhängig vom Ausgang des Verfahrens steht den Beteiligten der Klageweg offen. Das Verfahren bei den Gutachterkommissionen und Schlichtungsstellen – also die Begutachtung – ist für Patienten kostenfrei.

Aber: Die Begutachtung setzt stets die Zustimmung aller Beteiligten voraus. Und diese fehlte.

Was hatte Lydia in Händen? Ein aus ihrer Sicht negatives Gutachten. Keine finanziellen Mittel. Die Ungewissheit, überhaupt Prozesskostenhilfe zu erhalten, da die Erfolgsaussichten, die für die Gewährung von Prozesskostenhilfe darzulegen sind, nicht erkennbar waren. Schließlich das Risiko, bei hypothetischer Gewährung von Prozesskostenhilfe den sich anschließenden Prozess zu verlieren und dann die nicht unerheblichen anwaltlichen Kosten von zwei Krankenhäusern übernehmen zu müssen. Daher hat sie sich letztendlich gegen eine Fortsetzung des Verfahrens entschieden.

UNENDLICHE HÜFTE

Nach dem Jahresbericht 2023 des Endoprothesenregisters Deutschland (EPRD) hat die endoprothetische Versorgung an Hüfte und Knie einen neuen Höchststand erreicht. Danach wurden für das Jahr 2022 aus 751 Kliniken 347 702 endoprothetische Eingriffe an Hüfte und Knie gemeldet.

41 Prozent der versorgten Patienten waren Männer. Bei 177 826 der übermittelten Dokumentationen handelte es sich um Hüfterstimplantationen. Der Anteil der Totalendoprothesen (TEP) betrug mehr als 88 Prozent.

Da verwundert es nicht, dass in der Praxis eines Patientenanwalts mit am häufigsten Fehler vorgetragen werden, die tatsächlich oder vermeintlich im Zusammenhang mit einer Hüft-TEP-Versorgung stehen.

Dies war auch der Fall bei Matthias, dessen Leidensgeschichte mit nur einem Wort trefflich zu beschreiben ist: Schmerz. Matthias leidet tagsüber an Schmerzen, in der Nacht wird es noch schlimmer. Schmerzmittel helfen nur für kurze Zeit. Matthias ist auf den Rollstuhl angewiesen. Mehr als drei Schritte an Gehhilfen schafft er nicht. Er und seine Frau überlegen, aus ihrem schönen Häuschen aus- und in eine behindertengerechte Wohnung umzuziehen.

Wie konnte es so weit kommen? Eine kurze Rückschau.

Matthias ist 62 Jahre alt. Er war Berufssoldat bei der Bundeswehr und ist jetzt im Ruhestand. Seine Frau Stefanie arbeitet noch als Zustellerin bei der Post und Matthias erledigt einen großen Teil des Haushalts. Dabei meldet sich immer häufiger seine rechte Hüfte – sie schmerzt. Matthias sind die Gründe dafür durchaus bewusst: Zum einen liegt es an seinem Alter, zum anderen wiegt er zu viel – 140 Kilo bei einer Größe von 1,75 Metern.

Es gibt viele mögliche Ursachen für Hüftschmerzen. So können sowohl Verletzungen, beispielsweise durch einen Unfall, als auch Verschleißerscheinungen und andere Hüftgelenkserkrankungen Schmerzen verursachen. Die weitaus häufigste Ursache für Schmerzen an der Hüfte sind allerdings Verschleißerscheinungen im Gelenkbereich.

Mit zunehmendem Alter findet ein Abbau von gesundem Gelenkknorpel statt. Bei vielen Menschen wird diese Gleit- und Pufferschicht im Gelenk so weit zerstört, dass schließlich Knochen auf Knochen trifft. Das kann starke Schmerzen auslösen. Diese Verschleißkrankheit heißt Hüftgelenksarthrose (Coxarthrose) und tritt meist im fortgeschrittenen Alter auf. Sie kann aber auch bereits jüngere Menschen betreffen. Darüber hinaus gibt es eine Vielzahl von weiteren Ursachen, die Hüftschmerzen hervorrufen können.

Irgendwann ist bei Matthias der Endpunkt erreicht: Er soll ein neues Hüftgelenk bekommen. In der Klinik wird seine rechte Hüfte durch eine Prothese ersetzt. *Business as usual.* Der Heilungsprozess verläuft zunächst gut. Allerdings verspürt Matthias nach knapp drei Monaten immer stärker werdende Schmerzen. Eine Untersuchung ergibt eine Protheseninfektion. Er muss zurück in den OP. Das künstliche Gelenk wird wieder ausgebaut und zunächst ein Spacer eingesetzt.

Ein temporärer Spacer (Platzhalter) ist ein Implantat, das anstelle einer permanenten Prothese verwendet wird. Diese Implantate bestehen in der Regel aus Knochenzement oder Titan. Es gibt auch einen artikulierenden Spacer, bei dem es sich um eine permanente Prothese handelt.

Abermals drei Monate später bekommt Matthias eine neue Hüftgelenksendoprothese eingesetzt. Auch diesmal scheint erst wieder alles gut zu sein. Zwei Monate später allerdings, es ist der erste Weihnachtstag, bricht die Prothese. Es liegt ein sogenannter Konusbruch vor.

In aller Regel besteht eine Hüftprothese aus vier Komponenten: Hüftschaft, Hüftkopf, Hüftpfanne und einem Inlay. Der Prothesenkopf, aus Metall oder Keramik bestehend, wird auf den Konus des Schafts aufgesetzt – und dieser kann brechen. Ein Konus ist in der allgemeinen

Wortbedeutung ein technisches Bauteil mit der Form eines Kegels. Es dient zur zentrischen Verbindung von zwei Werkstücken.

Für Matthias beginnt jetzt ein Operationsmarathon. Er bekommt wieder eine neue Prothese. Unterhalb der Prothesenspitze bricht der Schaft seines Oberschenkels. Diese Fraktur wird fixiert, heilt aber schlecht. Deswegen muss Matthias wieder operiert werden. Dabei stellt sich heraus: Die Prothese hat sich gelockert. Matthias hat mittlerweile Dauerschmerzen. An freies Laufen ist gar nicht mehr zu denken. Er kann sich nur noch mit Hilfe eines Rollstuhls fortbewegen. Eine weitere Operation sei erst möglich, wenn der Oberschenkelbruch vollständig ausgeheilt sei, sagt ihm seine behandelnde Ärztin.

Er kämpft weiter mit starken Schmerzen. Ein halbes Jahr nach seiner letzten OP werden Röntgenaufnahmen und eine Computertomografie (CT) gemacht. Ergebnis: Die Schrauben und die Platte an seinem Oberschenkel sind locker. Der Bruch an sich sei aber gut verheilt. Nach acht Wochen Wartezeit sollen die Schrauben extrahiert werden. Der OP-Termin steht, doch dann kommt die Diagnose: Die Platte am Oberschenkel und auch die gesamte Hüftprothese sind keimbelastet. Es muss wieder alles raus. Der Brite würde sagen: *It's a never-ending story.*

Matthias bekommt wieder eine neue künstliche Hüfte. Diesmal wird ihm eine zementfreie Spezialprothese eingesetzt. Es gibt verschiedene Verankerungsarten für Hüftprothesen:

- Zementfreie Verankerung:
  Der Prothesenschaft wird in den Oberschenkelknochen eingepresst. Die Pfanne wird in das Becken eingepresst oder eingeschraubt. Der Knochen wächst in die Implantat-Oberfläche ein, es entsteht eine biologische Fixierung des Implantats, das einwachsen muss.

- Zementierte Verankerung:
  Der Prothesenschaft und die Pfanne werden mit einem schnell härtenden Kunststoff im Becken beziehungsweise im Oberschenkelknochen befestigt.

- Hybrid-Verankerung:
  Bei der Kombination beider Verfahren wird eine Komponente zementiert, die andere zementfrei implantiert. Häufig wird zum Beispiel die Pfanne zementfrei verankert und der Schaft im Oberschenkelknochen einzementiert.

Matthias wird gesagt, dass nach den vielen Protheseneinsätzen eine neue Prothese nicht mehr am oberen Teil des Oberschenkelknochens befestigt werden könne. Also wird zementiert. Da allerdings an dieser Stelle eine sichere Befestigung gar nicht mehr möglich sei, müsse die neue Prothese im gesamten Oberschenkelbereich befestigt werden.

Als diese Operation dann durchgeführt wird, stellt man fest, dass der obere Teil von Matthias' Oberschenkelknochen von den vielen Operationen so stark geschädigt ist, dass man den Knochen bis auf einen Rest von 14 Zentimetern entfernen muss. In den Restknochen wird dann eine Megaprothese einzementiert. Als Megaprothesen bezeichnet man Implantate, die in der Lage sind, große Knochendefekte zu überbrücken oder Knochen zu ersetzen. Oftmals die allerletzte Option der Versorgung.

Was für eine Odyssee Matthias mitgemacht hat! Und heute ist er ein Pflegefall mit Dauerschmerzen.

In rechtlicher Hinsicht hat sich die Haftpflichtversicherung des Krankenhauses aber wieder einmal quergestellt. Sie sah keinen Fehler in der Behandlung von Matthias. Es sei alles richtig abgelaufen, auch wenn das Ergebnis natürlich unschön sei. Wenn überhaupt, sei der Hersteller der Prothese zur Verantwortung zu ziehen.

Keine so seltene Situation: Wenn beispielsweise eine Prothese bricht, kann es verschiedene Ursachen dafür geben. Dann sagen die Ärzte: »Ja, wir haben schlechtes Material bekommen. Das ist ein Materialfehler.« Der Hersteller sagt natürlich: »Nein, das Material, das wir verwenden, ist das beste. Da muss der Arzt die Prothese falsch eingesetzt haben. Der hat sich nicht an die Vorgaben gehalten, die wir gemacht haben, und darum ist es zum Bruch gekommen.« Man schiebt sich also den Schwarzen Peter wechselseitig zu.

Darum verklagt man in solchen Fällen häufig beide Seiten. Denn einer von beiden, behandelnder Arzt oder Hersteller, wird in der Regel verantwortlich sein. Wenn man beispielsweise den Hersteller nicht verklagen, sondern nur zuwarten würde und dann nach fünf Jahren ein Urteil erhält, in dem es heißt: »Ja, es ist ein Materialfehler«, dann hätte man als Anwalt möglicherweise selbst ein Haftungsproblem, da eine Verjährung gegenüber dem Hersteller der Prothese eingetreten sein könnte.

Im Fall von Matthias sind bei den verschiedenen Operationen nicht vom gleichen Hersteller produzierte Komponenten verwendet worden, sondern verschiedene Materialien von unterschiedlichen Herstellern. Das ist an sich in der Prothesenpraxis gar nicht so selten und oftmals auch völlig in Ordnung. Aber es gibt auch Vorgaben, in denen es vom Hersteller wie vorliegend heißt: »Dieser Schaft darf nur mit dem von uns hergestellten Hals kombiniert werden.«

Dies ist von den Matthias operierenden Ärzten schlichtweg nicht beachtet worden und ist ihnen daher vorzuwerfen. Ferner haben sie den falschen Kunststoff für die Zementierung verwendet, so der im gerichtlichen Verfahren beauftragte Sachverständige.

Dass die aufgetretene Infektion auf einen Behandlungsfehler zurückzuführen ist, konnte hingegen prozessual nicht nachgewiesen werden. Auch die stattgehabte Infektionstherapie war beanstandungsfrei, so der Sachverständige.

Daraufhin hat die zuständige Arzthaftungskammer des Landgerichts einen Vergleichsvorschlag unterbreitet, der sich auf 50 000 Euro belief und von beiden Prozessparteien angenommen wurde.

Jetzt könnte man meinen, dieser Betrag sei zu niedrig bemessen. Aber es ist zu berücksichtigten, dass der wesentliche Teil des Gesundheitsschadens von Matthias auf die Infektion zurückzuführen ist. Und diese ist schicksalhaft eingetreten.

Der Rückschluss vom Gesundheitszustand auf die Angemessenheit der Schadensersatzzahlung ist daher nicht immer zulässig. Dass Matthias im Rollstuhl sitzt, ist auf ein schicksalhaftes Ereignis zurückzuführen.

Wäre dies nicht so, wären 50 000 Euro Schadensersatz sicherlich deutlich zu niedrig angesetzt.

Ähnliches gilt für die Einbeziehung der Grunderkrankung oder -verletzung. Oftmals sind auch diese für einen erheblichen Teil des letztendlichen Gesundheitsschadens mitverantwortlich, müssen aber bei der Schadensbemessung außer Betracht bleiben. Eine mitunter sehr schwierige Abgrenzung, die in der Praxis oftmals Probleme bereitet.

FEHLLAGE

Wer kann mit 86 Jahren noch von sich behaupten, vollkommen gesund zu sein? Bis vor drei Jahren hätte sich Hans-Herbert mit breiter Brust aufgestellt und genau das verkündet – auch wenn Tochter Margot ihm vielleicht nur bedingt zugestimmt hätte. Sie kennt seine Wehwehchen wie keine andere, ist aber froh, dass der Papa bis ins hohe Alter die gravierenden Krankheiten bisher ausgelassen hat.

Doch jetzt klagt Hans-Herbert über Beschwerden im Bereich von Nacken, Schulter und Halswirbelsäule. Eine umfangreiche Bildgebung mittels Computertomografie zeigt unter anderem eine Spinalkanalstenose im Bereich der Halswirbelsäule. Wenn mit zunehmendem Alter die Beine unter Belastung – beim Stehen oder Gehen – müde werden, kann es sich um eine Spinalkanalstenose handeln. Bei dieser Erkrankung wird aufgrund von degenerativen Veränderungen der Wirbelkanal, in dem die Nerven verlaufen, mit dem Voranschreiten der Jahre immer enger. Dadurch kann es zu Druck auf das Rückenmark oder die Nervenwurzeln kommen, was zu Schmerzen, Taubheit und Schwäche in den betroffenen Bereichen führt.

Da sich Hans-Herbert trotz seines fortgeschrittenen Alters und gerade, weil er stets gesund gewesen ist, damit nicht abfinden will, lässt er eine PRT-Therapie durchführen. Die Abkürzung steht für periradikuläre epidurale Infiltrationen. Zum Beispiel im Rahmen von Bandscheibenvorfällen, aber auch bei Arthrosen von Facettengelenken kann es zu einer Bedrängung von Nervenwurzeln kommen. Diese werden durch den Druck gereizt und entzünden sich. Wenn konservative schmerztherapeutische Maßnahmen nicht mehr helfen, kann durch eine CT-gesteuerte Therapie die betroffene Nervenwurzel gezielt betäubt werden. Zusätzlich wird im Regelfall ein Kortisondepot gesetzt, das antientzündlich wirkt. Die Therapie wird mit lokaler Betäubung durchgeführt und erfolgt unter sterilen Bedingungen. Dabei wird eine Spezialnadel gezielt in den Bereich der schmerzhaften Rückennerven eingeführt. Um eine exakte Lokalisierung der Therapie zu ermöglichen, findet die Injektion üblicherweise unter Bildwandlerkontrolle statt. In der medizinischen Wissenschaft wird die PRT als mit geringen Risiken behaftet beschrieben und gilt im Wesentlichen als komplikationsfrei.

Nachdem sich Hans-Herbert zahlreicher komplikationsloser periradikulärer Therapien unterzogen hat, wird zwei Monate nach Behandlungsbeginn eine epidurale PRT der Halswirbelsäule durchgeführt. Das bedeutet, dass die Injektionskanülen im Spinalkanal platziert werden und die Injektion im Spinalkanal erfolgt.

Nach Kontrolle der Nadelspitzenposition bekommt Hans-Herbert eine Injektion von 30 Milligramm »Triamcinolon« verabreicht. Dabei handelt es sich um ein kortisonähnliches Arzneimittel.

Aber bereits unmittelbar nach dem Eingriff zeigt sich eine komplette Lähmung der rechten Körperhälfte bei Hans-Herbert.

Was ist passiert? Ein erster Hinweis auf eine mögliche Ursache ist, dass sich das Kontrastmittel in Hans-Herberts Körper falsch verteilt hat.

Der seitens der Gutachterkommission der zuständigen Ärztekammer im Rahmen eines Schlichtungsverfahrens beauftragte Sachverständige beschreibt es in seinem Bericht so: »Die vorliegenden CT-Aufnahmen zeigen eine nicht übliche und damit nicht korrekte Kontrastmittelausbreitung. Die Injektion hätte bei dieser erkennbar unüblichen Kontrastmittelausbreitung sofort abgebrochen werden müssen beziehungsweise sie hätte nicht erfolgen dürfen.«

Die Injektion wurde bei Hans-Herbert in das Myelon (Rückenmark) verabreicht. Die Fehllage der Kanülenspitze hätte sofort auffallen müssen. Dies stellt einen Behandlungsfehler dar.

Diese falsch gesetzte Injektion direkt ins Rückenmark hat diverse dauerhafte gesundheitliche Folgeschäden bei Hans-Herbert nach sich gezogen. Diese sind unter anderem:

- eine fast vollständige Lähmung des rechten Arms
- sensomotorisches Defizit im rechten Arm
- Sensibilitätsverlust des rechten Unterarms und der rechten Hand
- Auftreten einer Brandverletzung aufgrund der Gefühlsstörung der Hand
- Gangbild leicht spastisch, leichte Hüftbeugerparese, fortbestehende Gangstörung
- Radfahren war Hans-Herbert vor der Therapie noch möglich – danach nicht mehr.

Die eindeutige Sach- und Rechtslage hat den Versicherer des beschuldigten Medizinischen Versorgungszentrums (MVZ) veranlasst, in die außergerichtliche Schadensregulierung einzutreten. Die durchaus als zäh zu beschreibenden Verhandlungen über die Höhe der Schadensersatzansprüche konnten mit der Zahlung eines Betrages in Höhe von 110 000 Euro abgeschlossen werden. Wäre Hans-Herbert beispielsweise erst zehn Jahre alt gewesen, so wären die Schadensersatzansprüche vermutlich deutlich höher ausgefallen.

Diese Unterschiede beim Betrag des Schadensersatzes sind für viele ähnlich Geschädigte oft nicht nachvollziehbar – oder ihnen ist erst gar nicht bewusst, dass es diese Unterschiede gibt. Beispielsweise sehen sie einen Fernsehbericht oder lesen in Zeitschriften und sozialen Netzwerken vom Fall eines Patienten, der ihrem ähnlich ist und in dem ein Schadensersatz gezahlt wurde. Dann gehen die meisten davon aus, dass ihnen genau dieser Betrag doch wohl auch als Schadensersatz zustünde. Mindestens!

Das ist nicht der Fall. Zunächst muss das Schmerzensgeld immer dem konkreten Einzelfall angepasst sein. Jeder Schädigungsfall unterscheidet sich zumindest in kleinen Details von anderen bereits erfolgten Schädigungsfällen. Es gibt diverse Faktoren, die zu einer Erhöhung des Schmerzensgeldes führen oder das Schmerzensgeld mindern können.

Und auch die Gerichte entscheiden unterschiedlich. Einige sprechen höhere Schmerzensgeldansprüche als andere zu. Diese Unterschiede gelten mitunter sogar für ein und dasselbe Gericht, wenn bei diesem mehrere Arzthaftungskammern (Landgericht) oder mehrere Arzthaftungssenate (Oberlandesgerichte, in Berlin: Kammergericht) eingerichtet sind.

Zu den Faktoren, die ein höheres oder niedrigeres Schmerzensgeld bedingen, gehört zum Beispiel das Alter der verletzten Person. Dieses ist ein wichtiger Anknüpfungspunkt für die Höhe des Schmerzensgeldes. Bei Kindern wird regelmäßig davon ausgegangen, dass für sie Schmerzen noch nicht in der Art verarbeitbar sind, wie sie es für erwachsene Personen sind. Kinder leiden häufig psychisch im Rahmen einer stationären Behandlung, wenn sie von ihren Eltern getrennt sind.

Auch der Verschuldensgrad kann die Höhe des Schmerzensgeldes beeinflussen. Je höher der Verschuldensgrad ist, desto höher wird das Schmerzensgeld ausfallen. Grob zu unterscheiden sind in diesem Kontext Absicht (Vorsatz), grobe Fahrlässigkeit und leichte Fahrlässigkeit. Und auch die mitunter seitens der Versicherer praktizierte bewusste Verzögerung der Schadensregulierung kann zu einer Erhöhung des Schmerzensgeldes führen.

Faktoren, die das Schmerzensgeld senken, sind beispielsweise ein dem Geschädigten anzulastendes Mitverschulden und möglicherweise auch eine bestehende Vorerkrankung. Versicherer halten bei bestehenden Vorerkrankungen einem entstandenen Schadensersatzanspruch häufig entgegen, dass die festgestellten Gesundheitsschäden nicht auf dem schädigenden Ereignis beruhen, sondern bereits durch die Vorerkrankung angelegt waren. In diesem Kontext kommt es sehr häufig zu schwierigen Abgrenzungsfragen. Wo enden die Auswirkungen der Vorerkrankung und wo beginnt die Auswirkung des schädigenden Ereignisses?

Bei Geschädigten, die die statistische Lebenserwartung bereits überschritten haben, gilt es immer zu überlegen, ob sie selbst noch in den Genuss einer möglicherweise (zu) geringen Schadensersatzzahlung kommen können oder ob erst ihre Erben nach gegebenenfalls langwierigen Gerichtsprozessen das zugesprochene Geld erhalten. Ob der Geldbetrag dann überhaupt höher ausfällt als in einem frühen Vergleich, ist zudem ungewiss.

Der Anspruch auf Schmerzensgeld nach § 847 BGB ist generell betrachtet kein gewöhnlicher Schadensersatzanspruch, sondern ein Anspruch eigener Art mit einer doppelten Funktion: Er soll dem Geschädigten einen angemessenen Ausgleich für diejenigen Schäden bieten, die nicht vermögensrechtlicher Art sind, und zugleich dem Gedanken Rechnung tragen, dass der Schädiger dem Geschädigten Genugtuung schuldet für das, was er ihm angetan hat.

In den Schadensersatzbetrag von 110 000 Euro, den Hans-Herbert außergerichtlich erhalten hat, ist auch der ihm entstandene Haushaltsführungsschaden eingeflossen. Einen solchen können Geschädigte geltend machen, wenn sie nach einem unverschuldeten Personenschaden Tätigkeiten im Haushalt nicht mehr oder nur noch eingeschränkt erledigen können. Dabei unterscheidet man den tatsächlichen und den fiktiven Haushaltsführungsschaden.

Durch die Notwendigkeit, Personal zur Bewirtschaftung des Haushalts einzustellen, entsteht dem Geschädigten ein tatsächlicher Haushaltsführungsschaden. Dieser errechnet sich aus dem gezahlten Bruttolohn der Arbeitskraft samt den Beiträgen für die Sozialversicherung.

Es kann vorkommen, dass trotz professioneller Hilfe Aufgaben anfallen, welche die verletzte Person nicht erledigen kann. In einem solchen Fall kann eine fiktive Berechnung des Haushaltsführungsschadens erfolgen. Gleiches ist möglich, wenn Angehörige oder Freunde gewisse Tätigkeiten übernehmen. Es wird dann für den Haushaltsführungsschaden der Stundensatz entlohnt, den auch eine externe Hilfskraft erhalten hätte. Bei dieser fiktiven Berechnungsvariante muss der Umfang der zu vergütenden Arbeit vom Gericht geschätzt werden. Der Geschädigte muss bis ins Detail seine Haushaltstätigkeiten offenlegen und deutlich erkennbar machen, welche Aufgaben er in welchem Umfang vor dem Schadensereignis übernommen hat und was ihm durch die Verletzung nun nicht mehr möglich ist.

Bei der Bemessung des Stundensatzes sind die Gerichte als eher zurückhaltend zu bezeichnen. Besonders negativ sticht das Oberlandesgericht Celle hervor, das seit Jahrzehnten meint, der übliche Stundensatz liege bei 8,00 Euro. Eine aus der Zeit gefallene gerichtliche Auffassung.

FAKE NEWS UND SCHWARZER PETER

Simona hat gerade in einer großen Sause ihren 50. Geburtstag gefeiert. Bei ihr kann man wirklich behaupten: 50 ist das neue 30 – denn Simona sieht einfach top aus. Die Gene meinen es gut mit ihr, aber sie tut auch viel für sich und ihre Gesundheit. Seit vielen Jahren tanzt sie in einer Frauengruppe, hier und da schiebt sie ein paar Trainingseinheiten im Fitnessstudio ein und im Sommer gehört sie zu den Ersten, die sich eine Dauerkarte für das Freibad kaufen. Dann sieht man sie fast jeden Morgen ihre Bahnen ziehen, bevor sie anschließend mit dem Lastenfahrrad zur Arbeit radelt. Ihren Job würde sie gegen keinen anderen auf der Welt eintauschen: Simona arbeitet als Tierpflegerin in einem Zoo und ist mit großer Begeisterung und viel Liebe für die Tiere dabei, auch wenn ein großer Teil ihrer täglichen Aufgaben darin besteht, Käfige, Boxen, Terrarien oder Gehege zu reinigen und instand zu halten. Die Arbeit hält sie fit, sie ist viel an der Luft – genau Simonas Ding.

Gesundheitlich fühlt sie sich topfit und hat auch in der Vergangenheit noch nie Schlimmeres erlebt. Im Krankenhaus war sie nur einmal als Kind, als sie sich beim Toben das Handgelenk gebrochen hatte. Diesmal kommt es aber anders.

An einem Morgen im August, Simona ist gerade wieder zehn Bahnen im Freibad geschwommen, steht sie in der Dusche und sieht, wie sich eine andere Schwimmerin neben ihr die Brust abtastet. Die beiden Frauen kommen ins Gespräch. Simona erfährt, dass die andere Frau eine Brustkrebserkrankung hinter sich hat und sich seitdem regelmäßig nach etwaigen Knoten abtastet. »Das ist vielleicht ein bisschen übertrieben, sagt sie, aber sie mache das täglich, wie das Zähneputzen auch. Die Frauen unterhalten sich noch eine Weile, dann macht sich Simona auf den Weg zur Arbeit. Das Gespräch mit der anderen Schwimmerin geistert ihr noch den ganzen Tag durch den Kopf, und als sie abends zu Hause ankommt, tastet auch sie erstmals gezielt ihre Brüste ab. Und tatsächlich: In der rechten Brust spürt sie eine Verhärtung. In noch frischer Erinnerung an die Brustkrebserkrankung ihrer Mitschwimmerin ist ihr erster Gedanke: »Oh, mein Gott – Brustkrebs.«

Zum einen ist eine solche Befürchtung natürlich etwas vorschnell. Zum anderen aber ist die Gefahr auch nicht ganz zu vernachlässigen, die Sorge nicht völlig abwegig. Denn Brustkrebs ist mit etwa 30 Prozent aller Krebsfälle die häufigste Krebserkrankung bei Frauen in Deutschland. Aktuell stellen Ärztinnen und Ärzte ungefähr 69 000 Mal im Jahr die Diagnose Mammakarzinom. Zusätzlich werden jedes Jahr etwa 6000 Vorstufen von Brustkrebs diagnostiziert. Derzeit erkrankt eine von acht bis neun Frauen im Laufe ihres Lebens an Brustkrebs. Dabei steigt das Risiko mit zunehmendem Alter. Jüngere Frauen sind nur selten betroffen, erst ab dem 40. und besonders ab dem 50. Lebensjahr erhöht sich das Risiko, um etwa ab dem 70. Lebensjahr wieder abzusinken.

Vorschnell? Was die Diagnosestellung anbelangt, ganz sicher. Aber nicht, wenn es um eine zeitnahe ärztliche Abklärung geht. Denn bekanntermaßen sind – wie bei allen Krebsarten – auch beim Mammakarzinom die Heilungschancen umso größer, je früher die Erkrankung entdeckt wird. Daher ist es wichtig, Anzeichen und Warnsignale, die auf Brustkrebs hinweisen können, zu kennen. Dazu zählt beispielsweise ein Knoten in der Brust. Aber es gibt weitere Symptome, die auf Brustkrebs hinweisen. Auch wenn in den meisten Fällen eine harmlose Ursache dahintersteckt, sollten Frauen beim Auftreten dieser Beschwerden oder von Veränderungen der Brust ihren Arzt oder ihre Ärztin aufsuchen, um abzuklären, ob es sich um Brustkrebs handelt.

Welche weiteren Anzeichen können – müssen aber nicht – auf Brustkrebs hindeuten?

- Eine Brust verändert ihre Form oder Größe.
- Wenn der Arm angehoben wird, verformt sich eine Brust anders als die andere.

- Die Haut der Brust zieht sich an einer Stelle ein (sogenannte Orangenhaut) oder schwillt an.
- Eine Brustwarze zieht sich ein oder es gibt Veränderungen an der Brustwarze oder die Brustwarze sondert eine klare oder blutige Flüssigkeit ab.
- Eine Brust schmerzt oder schwillt an.

All das können Anzeichen für Brustkrebs sein, müssen es aber nicht. Zur Sicherheit sollte man die Brust von der Frauenärztin oder dem Frauenarzt untersuchen lassen.

Genau so macht es auch Simona. Sie fühlt sich doch ein wenig verunsichert, nachdem sie die Verhärtung in ihrer Brust ertastet hat. Sie sucht ihren Frauenarzt auf, den sie schon seit vielen Jahren kennt. Der Arzt ertastet die von ihr entdeckte Verhärtung, diesen undefinierbaren Knubbel in ihrer Brust. Für ihn ist die Sache sofort klar: Das muss weiter untersucht werden. Er überweist Simona in ein Mammazentrum – also in eine spezialisierte und zertifizierte Klinik für Brustkrebs.

Warum heißt es Mammazentrum und der Brustkrebs Mammakarzinom? Das Wort kommt aus dem Lateinischen: *Mamma* bedeutet Zitze, Brust oder weibliche Brustdrüse und beschreibt, wie schon erwähnt, den häufigsten bösartigen Tumor der Brustdrüse des Menschen. Es gibt in Deutschland, Österreich und der Schweiz unterschiedliche Anforderungen an die Qualifikation eines Klinikums als (zertifiziertes) Mamma- oder Brustzentrum. Die Anforderungen, die beispielsweise in Österreich erfüllt werden müssen, orientieren sich neben der Anzahl der behandelten Patientinnen pro Jahr auch an folgenden Kriterien: 1) der Erfahrung der radiologischen Diagnostiker und der den Befund erhebenden Pathologen; 2) dem Wissen der Strahlentherapeuten; 3) dem Umgang mit Chemotherapien und Hormontherapien; 4) dem Wissen um die genetischen Zusammenhänge des Brustkrebses und 5) der Ausbildung eines Netzwerkes aller verantwortlichen Ärzte in der Umgebung des Brustzentrums. Zum Kernteam zählen zusammen mit den Frauenärzten, die seit einigen Jahrzehnten die Therapie von Brustkrebs in Eigenverantwortung durchführen, hier insbesondere die Radiodiagnostiker (Mammografien und Kernspintomografien), Strahlentherapeuten (Bestrahlung), Pathologen (Befundung des Gewebes) und Onkologen (Chemotherapie). In Deutschland und in der Schweiz ist es ähnlich.

In der Klinik wird bei Simona zunächst eine Mammasonografie – also eine Ultraschalluntersuchung der Brust – gemacht. Gerade bei jungen Frauen wird sie auch als erstes bildgebendes Verfahren eingesetzt, da deren Brustgewebe relativ dicht und in der Mammografie oft schlecht darstellbar ist. Die Ultraschalluntersuchung der Brust ist neben der Mammografie das wichtigste bildgebende Verfahren.

Da sich bei Simona der Verdacht auf eine vergrößerte Drüse bestätigt, wird anschließend noch eine Stanzbiopsie durchgeführt. Das bedeutet: Der Arzt schießt zumeist mit einer speziellen Biopsiepistole über eine Führungskanüle eine Biopsienadel in das Brustgewebe und stanzt so mehrere kleine Gewebeproben heraus. Die Biopsie beziehungsweise Gewebeentnahme aus der Brust ist ein relativ kleiner Eingriff und nicht schmerzhaft, weil er unter örtlicher Betäubung stattfindet.

Simona muss allerdings enorm nervös und äußerst angespannt einige Tage auf das Laborergebnis warten. Eine fürchterliche Zeit, und dann kommt der Anruf, der Simonas Leben drastisch verändern wird: Die vergrößerte Brustdrüse ist leider bösartig – Simona ist an Brustkrebs erkrankt.

Die Behandlung geht sofort los: Es werden zahlreiche weitere Untersuchungen gemacht, wie beispielsweise Ultraschall und Mammografien. Die Mammografie ist eine radiologische Untersuchung der weiblichen Brust, die üblicherweise in zwei Ebenen (meist senkrecht von oben und schräg seitlich) erfolgt. Hier kommt eine Weichstrahltechnik zum Einsatz, deren Aufnahmen Rückschlüsse auf krankhafte Prozesse des Mammagewebes ermöglichen.

Sechs Wochen später muss sich Simona wieder in der Klinik einfinden. Nach letzten Untersuchungen wird sie bereits am Folgetag operiert. Das Karzinom kann – zum großen Glück von Simona – erfolgreich und brusterhaltend entfernt werden. Brusterhaltend bedeutet, dass die Chirurgen nur den Tumor entfernen und etwas zusätzliches Gewebe, den sogenannten Sicherheitsrand. Die Brust selbst bleibt erhalten. Nach einer solchen Operation ist fast immer eine Strahlentherapie nötig, um eventuell verbliebene Krebszellen zu zerstören.

Kurz nach der Operation bekommt Simona zwei gute Nachrichten, die in Summe aber eine überaus schlechte Nachricht ergeben. Anders kann man es gar nicht formulieren. Der Brustkrebs wurde erfolgreich entfernt und die anschließende histologische Untersuchung bringt ein völlig überraschendes Ergebnis: Das entfernte Gewebe aus Simonas Brust enthält nichts, aber auch gar nichts Bösartiges. Zur Sicherheit wird auch noch eine DNA-Untersuchung gemacht und auch diese bestätigt, dass die Drüse nicht im Ansatz bösartig ist. Kein Krebs.

Simona kann es nicht fassen. Sie ist überaus glücklich und gleichzeitig zutiefst fassungslos. Wie konnte das bloß sein? Diese Frage beschäftigt Simona Tag und Nacht. Für die gesamte Diagnostik musste sie, um eine Chemotherapie zu umgehen, eine zwölfwöchige »Tamoxifen«-Hormontherapie (Tamoxifen ist ein Arzneistoff zur Behandlung von Mammakarzinomen) absolvieren, die ohne den Krebsbefund naturgemäß nicht nötig gewesen wäre. In einer weiteren Operation, die auch nicht nötig gewesen wäre, wurde die betroffene Brust der gesunden Brust ästhetisch wieder angeglichen.

Dass das Geschehene für Simone auch in psychischer Hinsicht sehr belastend gewesen ist, kann man sicherlich nachvollziehen. Auch wenn sie nun weiß, dass sie keinen Krebs hat.

Wie konnte es zu dieser katastrophalen Falschmitteilung kommen – zu den »Fake News«, wie man heute vielleicht sagen würde? Letztendlich lässt sich dies ganz einfach und banal erklären: Es ist schlichtweg zu einer Verwechslung von Gewebeproben gekommen. Simona hat das Ergebnis der Laboruntersuchung einer anderen Patientin erhalten. Auch über diese Patientin macht sich Simona viele Gedanken. Wie muss es für sie sein, zu erfahren, dass sie jetzt doch an Krebs erkrankt ist, weil auch ihr Laborergebnis verwechselt wurde?

Simona sucht anwaltliche Hilfe. Man könnte vermuten, dass es sich hier um einen Arzthaftungsfall handelt, bei dem sich eine schnelle außergerichtliche Regulierung und Erledigung finden lässt. Aber weit gefehlt.

Tatsächlich haben wir es mit zwei verschiedenen medizinischen Institutionen zu tun. Zum einen der radiologischen Praxis, in der die Stanzbiopsie vorgenommen wurde, und zum anderen dem Institut für Pathologie, in dem die Gewebeprobe feingeweblich untersucht und ausgewertet worden ist.

Verkürzt zusammengefasst ließen sich die Versicherer beider Institute vorgerichtlich dahingehend ein, dass der jeweilige Versicherungsnehmer stets nur mit größter Sorgfalt arbeitet und alles unternimmt, um Verwechslungen zu vermeiden. Beide Versicherer schoben sich somit gegenseitig den Schwarzen Peter zu. Beide Institute behaupteten, und das mit voller Überzeugung, dass die Verwechslung selbstverständlich beim anderen Institut passiert sein müsse. Aus dem vorgerichtlichen Verfahren wurde dadurch ein gerichtliches, weil auf diese Art eine außergerichtliche Einigung nicht erzielt werden konnte. Daran änderte auch der Umstand nichts, dass beiden Versicherern die Vorschrift des § 830 BGB vorgehalten wurde. Genauer gesagt die Norm des § 830 Abs. 1 S. 2. Diese wenig bekannte gesetzliche Regelung dient der Überwindung von Beweisschwierigkeiten eines Geschädigten, dessen Ersatzanspruch nicht daran scheitern soll, dass nicht mit Sicherheit festgestellt werden kann, wer von mehreren Beteiligten der eigentliche Schädiger gewesen ist. Übersetzt kann man sagen: Einer von beiden muss es gewesen sein. Der Kläger, in diesem Fall Simona, muss nicht beweisen, wer nun genau.

Es war und ist unstreitig, dass es in einem der beiden Institute zu einer Verwechslung gekommen ist. Wegen der fortbestehenden Verweigerungshaltung der Versicherer musste Simona gerichtliche Hilfe in Anspruch nehmen. Möglicherweise hatten die Institute darauf gehofft, dass Simona diesen Schritt nicht gehen würde. Sie sah sich aber im Recht – nachvollziehbarerweise.

Im Rahmen des Prozesses verständigten sich beide Institute darauf, im Vergleichswege einen gemeinsamen Schadensersatzbetrag zahlen zu wollen, der sich letztendlich auf 15 000 Euro belief. Auch Simona war damit einverstanden, obgleich sie zunächst einen höheren Schadensersatz erwartet hatte. Leider sind jedoch die deutschen Gerichte in Fragen und Bewertung psychischer Schäden noch sehr zurückhaltend und für eine unnötig durchgeführte Operation, die ansonsten folgenlos geblieben ist, werden von den Obergerichten in aller Regel lediglich Schmerzensgelder von 2000 bis 4000 Euro zugesprochen. Da gibt es sicherlich aus Patientensicht Nachhol- und Anpassungsbedarf. Das gilt insbesondere für Erkrankungen, die man von außen nicht ohne Weiteres erkennen kann, wie beispielsweise eine Depression.

Simona hat sich bis heute noch nicht ganz von dem Erlebten erholt. Die Narben an ihrer Brust erinnern sie ständig daran. Und wenn ihre Geschichte eine wichtige Botschaft beinhaltet, dann auf jeden Fall diese: Lieber einmal mehr nachfragen, ob die Untersuchungsergebnisse auch wirklich die eigenen sind.

KEINE ZUGANGSKONTROLLE

»Lieber Patient, Sie leiden an einer prämaturen Frontalnahtsynostose mit Trigonocephalus.« Aha. Medizinische Begrifflichkeiten wie diese sind mitunter für den Laien kaum oder gar nicht zu verstehen. Darum ist es von großer Wichtigkeit und Bedeutung, dass Ärzte mit Patienten verständlich sprechen und kein Fachchinesisch. Das gilt natürlich auch für Rechtsanwälte.

Die prämature Frontalnahtsynostose ist das frühzeitige Verknöchern der Knochennaht, welche an der Stirn entlangläuft. Dadurch kann sich die Breite der Stirn nicht richtig ausbilden, es entsteht eine bugförmige Stirn, die besonders von oben betrachtet deutlich sichtbar ist. Diese Kopfform wird Trigonocephalus, Dreiecksschädel oder Kielschädel genannt.

Diese Diagnose erhalten die Eltern Maria und Sebastian für ihren einjährigen Sohn Mike. Der kleine Junge hat gerade erst seinen ersten Geburtstag gefeiert, als er auch schon operiert wird. Die Ärzte im örtlichen Universitätsklinikum haben den Eltern vorher sehr detailliert alle bestehenden Therapieoptionen erläutert, Maria und Sebastian stimmen der operativen Therapie einstimmig zu.

Der Eingriff am Schädel des Kindes wird fach- und sachgerecht durchgeführt, verläuft ohne Komplikationen und wird erfolgreich abgeschlossen. Maria und Sebastian sind erleichtert.

Im anschließend erstellten Operationsbericht wird allerdings erwähnt, dass die Anästhesie nach Beendigung der Operation festgestellt hat, die Infusion im linken Arm des Kindes sei »para gelaufen«. Sogenannte Paravasate entstehen durch den Austritt von infundierten Flüssigkeiten aus einer Vene oder aus einem venösen Zugang (ZVK, Port) in das umgebende Gewebe. Ursachen sind häufig Fehl- oder Mehrfachpunktionen eines Gefäßes oder Ports nicht geeigneter Gefäße oder ungeeigneter anatomischer Regionen. Vereinfacht und verkürzt im Fall von Mike ausgedrückt: Eine Infusion ist fälschlicherweise nicht in die Vene gelaufen, sondern in das umgebende Armgewebe.

Das erfahren dann auch die Eltern von einer der operierenden Ärztinnen. Sie teilt ihnen in bestürztem Ton mit, dass es während der Operation eine schwerwiegende Komplikation gab, die aber erst nach dem Eingriff entdeckt worden ist. Erst beim Abdecken von Mikes Körper sei aufgefallen, dass der Zugang am rechten Arm defekt war.

Mittlerweile sind Arm und Hand des kleinen Mike extrem angeschwollen und dunkelrot, teilweise bläulich verfärbt. Im weiteren Verlauf des Gesprächs stößt auch der zuständige Anästhesist dazu und erläutert ergänzend, durch den defekten Zugang sei ein extremer Druck entstanden und ein Teil der Haut am Unterarm geplatzt. Nachdem der Vorfall entdeckt worden war, habe er den Arm sofort massiert und somit wieder für eine ausreichende Durchblutung gesorgt.

Maria und Sebastian fragen den Narkosearzt nach den möglichen Folgen und erhalten eine Antwort, die sie ein Stück weit beruhigt: Der Anästhesist versichert den beiden, dass die Schwellung weiter zurückgehen und Mike voraussichtlich schon am nächsten Tag seinen Arm und seine Hand wieder ganz normal bewegen werde. Zur Sicherheit seien nach der OP ein Kinderchirurg und ein Gefäßchirurg hinzugezogen worden und diese würden künftig die weitere Therapie mitbegleiten.

Die Schwellung an Mikes Hand geht im Laufe der Nacht minimal zurück, ist aber am nächsten Morgen immer noch deutlich zu erkennen. Der Kleine kann seine Hand nach wie vor nicht bewegen und bekommt durchgehend Schmerzmittel. Einmal versuchen die Ärzte die Medikamente zu reduzieren, doch das ist keine gute Idee. Mike reagiert darauf sehr schlecht, wird unruhig und weint. Er findet nicht in den Schlaf, strampelt, schwitzt und scheint permanent unter Stress zu stehen.

Erst mit einer Erhöhung der Schmerzmedikation und der Gabe von zusätzlichen Mitteln zur Beruhigung entspannt sich Mike wieder.

Als die Hand des Jungen am nächsten Tag noch regungslos ist und auch Massagen zu keiner Besserung führen, wird ein Handchirurg hinzugezogen. Dieser empfiehlt unverzüglich eine weitere Operation, um den geschädigten Arm genauer untersuchen zu können und bei Bedarf Faszien zu spalten. Faszien sind Bindegewebsstrukturen, die wie ein Geflecht den gesamten Körper durchziehen und Muskeln, Knochen und Organe umhüllen, stützen und schützen.

Der Handchirurg erkennt im Rahmen des Eingriffs, dass das Muskelgewebe von Mike unter extremem Druck steht. Er muss tatsächlich die Faszien spalten, um eine Entlastung für die Muskeln und das gesamte Gewebe zu schaffen. Aufgrund der Größe des Eingriffs und der Schwellung des Muskels kann er die Haut am Arm nicht direkt wieder schließen. Er rät daher, abzuwarten, bis die Schwellung etwas zurückgegangen ist. Zwei Tage später versuchen die Ärzte noch einmal, die Wunde zu schließen, wieder ohne Erfolg. Die Schwellungen sind nach wie vor zu stark. Der Handchirurg beschließt, eine komplette Woche zu warten. Acht Tage später verläuft der Eingriff endlich erfolgreich.

Mike bleibt noch mehrere Wochen im Krankenhaus, bevor er mit einem Spezialhandschuh zur Kompression entlassen wird. Maria und Sebastian beobachten ihren Sohn zu Hause natürlich ganz genau und stellen in den nächsten zwei Monaten fest, dass Mike fast ausschließlich seine linke, unversehrte Hand benutzt. Mit der operierten Hand ist er lediglich in der Lage, grobe motorische Bewegungen auszuführen. Die verletzte Hand befindet sich allerdings auch in einer permanenten gebeugten Schonhaltung, zudem kann Mike den rechten Mittelfinger nicht strecken.

Es dauert Monate, in denen sich die Funktionalität der Hand in kleinen Schritten verbessert. Dann muss Mike wieder unters Messer, denn an seinem Unterarm befindet sich noch eine Spalthaut, also ein Hauttransplantat, das entnommen wird, um die aktuell noch sehr große Narbe zu verkleinern.

Die Ärzte prognostizieren, dass eine weitere Operation in etwa vier oder fünf Jahren erforderlich sein wird.

Maria und Sebastian sind sich sicher: Das alles hätte ihrem Sohn nicht passieren müssen.

Deshalb wird auch der Haftpflichtversicherer des Krankenhauses außergerichtlich mit dem Vorwurf konfrontiert, dass der Zugang durch die Anästhesisten nicht richtig überwacht worden sei. Dieser führt in seiner Erwiderung hingegen aus, dass die Entstehung eines Paravasats ein eingriffsimmanentes Risiko darstelle, welches auch bei Einhaltung der erforderlichen Sorgfalt – wie im vorliegenden Fall – nicht mit letzter Sicherheit ausgeschlossen werden könne. Die erhobenen Vorwürfe werden daher als unbegründet zurückgewiesen.

Aufgrund dieser Ablehnung einer Schadensregulierung musste ein gerichtliches Verfahren eingeleitet werden. Kläger in einem solchen Fall ist das minderjährige Kind, gesetzlich vertreten durch seine Eltern als Sorgeberechtigte. Mit der Klage ließen sich Maria und Sebastian aber mehr als drei Jahre Zeit, sodass die Frage der Verjährung aufkam.

Da es für den Schadensersatz und das Schmerzensgeld bei Behandlungsfehlern keine spezielle Verjährungsfrist gibt, greift hier die regelmäßige Verjährung von drei Jahren. Wichtig sind dabei Beginn und Ende dieser Verjährungsfrist. Die Verjährung beginnt erst, wenn

- der Anspruch bereits entstanden ist (dazu muss der Behandlungsfehler passiert und ein Schaden entstanden sein),
- der Geschädigte auch erkannt hat, dass es sich um einen Behandlungsfehler handelt,
- und der Geschädigte weiß, wer für den Ärztepfusch verantwortlich ist.

Dabei muss der Patient grundsätzlich in der Lage sein, seine Prozesschancen für eine sogenannte allgemeine Feststellungsklage beurteilen zu können – zumindest wenn er sich mit den vorhandenen Informationen juristischen Rat holt. Im Extremfall, aber gar nicht so selten kann das bedeuten, dass die Verjährung erst beginnt, wenn dem Geschädigten ein medizinisches Gutachten vorliegt.

Die Verjährung beginnt allerdings auch, wenn der Patient aufgrund eigener grober Fahrlässigkeit nicht über die genannten Informationen verfügt. Das kann beispielsweise der Fall sein, wenn der Patient schwere Nebenwirkungen oder Folgen einer Behandlung erleidet, aber keine Nachforschungen anstellt, obwohl von diesen Folgeerscheinungen vor der Behandlung nie die Rede war.

Die Verjährung tritt dann nach drei Jahren zum Jahresende ein, also zum 31. Dezember. Zu beachten ist außerdem die Höchstfrist für die Verjährung nach Behandlungsfehlern. Unabhängig von der Kenntnis des Patienten oder seiner Möglichkeit, Kenntnis zu erlangen, gibt es nach § 199 Abs. 2 BGB eine sogenannte absolute Verjährungsfrist von 30 Jahren. Diese beginnt mit dem Tag der fehlerhaften Behandlung und nicht erst am Ende des Jahres. Nach Ablauf dieser 30 Jahre können keine Ansprüche mehr geltend gemacht werden, auch wenn der Patient erst nach dieser Frist vom Fehler erfahren hat. Diese Regelung soll verhindern, dass Behandlungen auf unbestimmte Zeit zu Haftungsansprüchen führen.

Im Fall von Mike wurde die Klageschrift noch rechtzeitig beim zuständigen Landgericht eingereicht. Die Behandlerseite konterte mit einer umfangreichen Klageerwiderung, daraufhin schlug das Gericht – überraschend und ohne jegliche Beweisaufnahme – einen Vergleich vor. Danach sollte das Klinikum an Mike einen Schadensersatzbetrag in Höhe von 15 000 Euro zahlen. Die Gegenseite stimmte diesem Vergleichsvorschlag unverzüglich zu. Aber eben allein aus rein menschlichen Erwägungen. Fehler seien keine gemacht worden.

Mikes Eltern lehnten den Vergleichsvorschlag ab. 15 000 Euro erschienen ihnen zu wenig und die Gegenseite hatte zu schnell zugestimmt. Das Gericht musste daher einen Beweisbeschluss erlassen und ein Sachverständigengutachten in Auftrag geben.

Die Bewertung des Sachverständigen ist sehr umfangreich und liest sich in den wichtigsten Passagen so:

»Unzweifelhaft entstand beim Kläger in der Narkose durch eine im Verlauf der Narkose nicht mehr in der Vene liegende Infusionskanüle am rechten Arm eine massive Schwellung durch die verabreichte Infusion. Eine Kontrolle der liegenden Infusionskanüle erfolgte erst am Ende der über siebenstündigen Operation. Der vom Beklagten als Überwachung dieser Infusion über eine Infusionspumpe angeführte Verschlussdruckalarm der Infusionspumpe ist ungeeignet für das Erkennen oder Verhindern eines Paravasats, da der Verschlussdruckalarm erst bei einem Vielfachen des körpereigenen Gewebedrucks ausgelöst wird. Paravasate bei der Anlage und Durchführung von intravenösen Infusionen sind auch bei sorgfältigem Vorgehen nicht immer zu vermeiden. Die verursachte massive Schwellung des Armes mit den nachfolgenden notwendigen operativen Eingriffen hätte jedoch durch geeignete Kontrollen der Infusionsstelle oder Überwachungsverfahren verhindert werden können. Der Standard des zum Behandlungszeitpunkt in der ärztlichen Praxis und Erfahrung bewährten, nach naturwissenschaftlicher Erkenntnis gesicherten, von einem durchschnittlichen Facharzt verlangten Maßes an Können und Sorgfalt wurde nicht eingehalten.«

Das beklagte Klinikum war mit dieser Feststellung des Sachverständigen nicht einverstanden und versuchte ihn aus dem Prozess zu nehmen, und zwar mit einem Befangenheitsantrag. Dies im Wesentlichen mit der Begründung, dass der Sachverständige sich zu sehr von den Beweisfragen im Beweisbeschluss des Landgerichts entfernt und Ausführungen zur Aufklärung der Eltern von Mike gemacht habe, obwohl gar keine Aufklärungsrüge erhoben worden sei und auch das Gericht nicht danach gefragt habe.

Nach §§ 406, 42 Abs. 1 Zivilprozessordnung kann ein Sachverständiger wegen Besorgnis der Befangenheit abgelehnt werden, wenn ein Grund vorliegt, der geeignet ist, Misstrauen gegen seine Unparteilichkeit zu rechtfertigen. Dies setzt – vom Standpunkt der ablehnenden Partei aus bei vernünftiger Betrachtung – die Befürchtung voraus, der Sachverständige stehe der Sache nicht unvoreingenommen gegenüber. Er sei quasi parteiisch.

Tatsächlich kann eine solche Parteinahme der Fall sein, wenn der Sachverständige zur Beweisfrage nicht in der gebotenen Sachlichkeit und Neutralität Stellung genommen hat. Der Sachverständige kann aber durchaus eine eigene Meinung haben und seine Ausführungen können richtig oder falsch sein – beides begründet keine Befangenheit.

Im Fall von Mike wies das Landgericht den Befangenheitsantrag als unbegründet zurück. Die Behandlerseite legte daraufhin Beschwerde beim zuständigen Oberlandesgericht ein. Aber auch dieses hielt das Ablehnungsgesuch für unbegründet.

Dadurch war der Weg frei für einen Vergleichsschluss mit einer nunmehr adäquaten Schadensersatzzahlung, die Mikes gesundheitlichen Beschwerden eher gerecht wurde. Dem Jungen wurde, über seine Eltern, ein Schadensersatzbetrag von 45 000 Euro zugesprochen.

Glücklicherweise wird Mike aller Voraussicht nach seine Hand wieder ohne jede Einschränkung bewegen können. Die Narben werden bleiben, aber im Laufe der Zeit verblassen.

WER SCHÖN SEIN WILL, MUSS LEIDEN

Respekt, wer dieser Lebensweisheit mit sportlichem Ehrgeiz begegnet. Jeder kennt diesen Ausspruch, aber wie weit würde man dafür gehen – was würde man investieren?

Eine kurze Spurensuche: Wo liegt eigentlich der Ursprung dieser Redensart?

Der Satz »Wer schön sein will, muss leiden« ist schon sehr alt. Es gibt ihn in verschiedenen Varianten und Ausprägungen. Am wahrscheinlichsten stammt der Ausspruch aus dem Mode-Universum. »Wer schön will scheinen, muss leiden vom Kopf bis zu den Beinen.« Das kann ein zu eng sitzender Schuh sein, ein schmerzhaftes Tattoo oder auch eine Schönheitsoperation. Und heutzutage sorgen immer öfter – umgangssprachlich – Beautydocs für das Leiden auf dem Weg zum Schönsein. Denn ganz ohne Schmerzen – welcher Art auch immer – wird die Brust nicht größer, der Bauch nicht dünner und auch der Hals nicht straffer.

So auch im Fall von Katharina. Sie ist eine junge und hübsche Frau von 32 Jahren, die gerade ihr zweites Kind bekommen hat. Katharina lebt in einer glücklichen Beziehung mit ihrem Freund Ralf, einem IT-Fachmann, der sich erst vor Kurzem selbstständig gemacht hat. Nach der Geburt ihres Kindes ist Katharina allerdings nicht so glücklich, wie sie sein möchte. Denn sie ist mit ihren Brüsten unzufrieden. Durch die beiden Schwangerschaften und das Stillen haben sie ihren ursprünglichen Halt verloren und hängen. So zumindest ihre eigene Wahrnehmung.

Katharina wünscht sich eine operative Korrektur – konkret eine Bruststraffung. Hierbei wird überschüssige Haut entfernt, Gewebe neu positioniert und die Brustwarze für ein schönes Ergebnis nach oben versetzt. Im Rahmen einer solchen Operation können auch Implantate eingesetzt werden, falls notwendig oder gewünscht.

Die eine oder andere Frau kann sicherlich nachvollziehen, dass man sich nach der Geburt eines Kindes unwohl fühlt in dem veränderten Körper, an dem nicht mehr alles so ist wie zuvor. Vieles ist nicht mehr so richtig in Form. Natürlich gibt es auch die Frauen, die mit mehr Selbstbewusstsein ausgestattet sind und stolz sagen: »Na und? Ist nun mal so! Ich habe gesunde Kinder und so sieht ein Körper nach der Schwangerschaft nun einfach mal aus. Ich bin stolz darauf, was mein Körper geleistet hat, da darf er auch ruhig etwas müde werden und sein Aussehen verändern.«

Aber das gelingt nicht jeder Frau – was in keiner Weise zu kritisieren ist. Einige versuchen, die für sie unschönen Brüste zu verstecken. Mit Shapewear oder Push-up-BHs lässt sich einiges kaschieren oder hervorheben. Oftmals leidet trotzdem die Partnerschaft, wenn die Frau sich unwohl fühlt und sich der Partnerin oder dem Partner nicht mehr nackt zeigen mag.

Mittlerweile ist es daher absolut verständlich, wenn man mit der Idee spielt, sich von einem Beautyexperten helfen zu lassen.

Aber wie findet man den Richtigen auf diesem Gebiet? Medizinisch und auch durch die Anwaltsbrille ist bei der Auswahl Vorsicht geboten: Es sollte in aller Regel ein Facharzt oder eine Fachärztin für Plastische und Ästhetische Chirurgie sein. Umfassende praktische und theoretische Kenntnisse zeichnen einen solchen Chirurgen aus – der Begriff »Schönheitschirurg« hingegen gibt in keiner Weise die Qualifikation des Arztes wieder. Die Bezeichnung ist in Deutschland nicht geschützt – jeder Arzt kann sie tragen. Die Ausbildung zum Facharzt für Plastische und Ästhetische Chirurgie hingegen umfasst mindestens sechs Jahre. Sie beinhaltet eine zweijährige Basisweiterbildung im Bereich der Chirurgie, die für alle Fachbereiche der Chirurgie obligatorisch ist, also unter anderem auch für angehende Allgemein-, Gefäß- oder Herzchirurgen. Während der übrigen vier Jahre bildet sich der angehende Facharzt in den verschiedenen Bereichen der Plastischen und Ästhetischen Chirurgie weiter. Bei der Suche nach dem richtigen Schönheitsdoc sollte man also keine falsche Scham haben, sondern frei heraus nach seiner Ausbildung und seinen Qualifikationen sowie seiner Erfahrung fragen.

Katharina hat sich mit ihren engsten Freundinnen intensiv ausgetauscht – auch über die Qualifikation des Arztes, den sie im Auge hat. Teilweise recherchieren sie gemeinsam im Internet, welche Möglichkeiten der Bruststraffung es gibt, was es kostet, Risiken, Nebenwirkungen, das gesamte Programm.

Irgendwann vereinbart Katharina dann einen Termin in einer namhaften Schönheitsklinik, die in der Rechtsform einer GmbH geführt wird. Warum denn als Kapitalgesellschaft? Auch das ist wichtig zu wissen: weil dadurch die Bindung an die Gebührensätze der GOÄ, der Gebührenordnung für Ärzte, vermieden oder auch umgangen wird. Der Chirurg kann seine Behandlungskosten frei gestalten und gegebenenfalls ein höheres Honorar verlangen. Denn Vertragspartner des Patienten wird die Gesellschaft mit beschränkter Haftung und nicht der Arzt selbst.

Die GOÄ ist nämlich an sich auch bei medizinisch nicht indizierten Schönheitsoperationen anwendbar. Das hat der Bundesgerichtshof in Karlsruhe in einem Fall vor fast zwanzig Jahren entschieden (Urteil vom 23. März 2006, Az.: III ZR 223/05). »Bei der GOÄ handelt es sich nach Darlegung des BGH um ein für alle Ärzte geltendes Preisrecht. Nach § 1 Absatz 1 GOÄ ist sie anwendbar auf alle beruflichen Leistungen der Ärzte. Es kommt dabei nicht darauf an, ob sich die ärztliche Heilbehandlung begrifflich auf die Feststellung, Heilung oder Linderung von Krankheiten beschränkt oder ob sie auch Maßnahmen am gesunden Menschen umfasst. Entscheidend ist, ob die verwendeten Methoden der ärztlichen Krankenbehandlung gleichkommen, ärztliche Fachkenntnisse voraussetzen und gesundheitliche Schädigungen verursachen können. Dies trifft auf eine vorgenommene Schönheitskorrektur zu. Tätigkeiten in der Plastischen Chirurgie lediglich zu ästhetischen Zwecken können nach Auffassung des BGH deshalb unter den Begriff der beruflichen Leistung der Ärzte subsumiert werden. Dass in der GOÄ Leistungstatbestände für kosmetische Eingriffe weitgehend fehlen, ist nicht entscheidend. Vielmehr können Lücken durch eine Analogbewertung geschlossen werden.«

Über all das hat sich Katharina – was verständlich ist – nicht informiert. Für sie sind allein die Einzelheiten der Operation wichtig. Das

Gespräch mit dem behandelnden Arzt beschreibt Katharina als angenehm, aber auch recht kurz. Der Ablauf der Operation ist schnell beschlossene Sache: Bei Katharina soll eine Mammaptose gemacht werden. Bei dieser wird die Brust durch die Entfernung überschüssiger Haut neu geformt, also das, was man unter einer Bruststraffung versteht. Und in Katharinas Fall sollen zur Vergrößerung der Brüste gleichzeitig noch Implantate unter den Brustmuskel eingesetzt werden.

Der Arzt berät sie zur passenden Größe des Implantats. Katharina wünscht sich ein »natürliches« Ergebnis. Die Brüste dürfen ruhig ein bisschen größer ausfallen als vorher, aber nicht übertrieben groß. Es soll nur alles wieder schön prall sein. Der Arzt empfiehlt ihr Silikonimplantate eines namhaften französischen Unternehmens in der Größe 180 cc. Die würden perfekt zu ihrem Körperbild passen. Katharina erinnert sich noch genau daran, wie begeistert ihr der Arzt die Implantate empfohlen habe. Sie werde damit wunderschön aussehen. »Der Arzt hat sich fast mehr gefreut als ich«, sagt Katharina später.

Nach dem Gespräch händigt ihr der Arzt den Aufklärungsbogen aus und man vereinbart einen Operationstermin. Nach § 630e BGB sind dem »Patienten Abschriften von Unterlagen, die er im Zusammenhang mit der Aufklärung oder Einwilligung unterzeichnet hat, auch immer auszuhändigen«. Darauf sollte man bestehen.

Einige Monate später ist es dann so weit. Katharina freut sich auf ihre Brust-OP. Ein mulmiges Gefühl hat sie eigentlich nicht, nur ein bisschen Angst vor den postoperativen Schmerzen. Die hat sie nach der Operation tatsächlich, aber sie steht diese Phase tapfer durch, und als sie ihre neuen Brüste zum ersten Mal sieht, ist sie vom Ergebnis absolut begeistert. Ihr Mann im Übrigen auch. Genau so hatte sie sich das Ergebnis vorgestellt.

In diesem Hochgefühl startet Katharina mit ihren Freundinnen erst einmal eine ausgedehnte Shoppingtour. Sie gönnt sich ein paar knappere Oberteile, solche hat sie zuletzt als 20-Jährige getragen – der Ausschnitt fällt ein bisschen tiefer aus. Katharina ist stolz auf ihre straffen Brüste und einfach nur happy.

Leider hält diese Freude nicht lange, denn schon nach sechs Monaten sind die operierten Brüste erschlafft und hängen wieder – außerdem haben sich an den Außenseiten der Brüste Verhärtungen gebildet, die ihr starke Schmerzen bereiten.

Mit diesem Ergebnis der durchaus teuren Operation ist Katharina verständlicherweise kreuzunglücklich. Hat der Arzt etwas falsch gemacht? Hat es eine schicksalhafte Komplikation gegeben? Ist sie von ihrem Arzt ausreichend aufgeklärt worden? Fragen über Fragen, die Katharina beschäftigen.

Sie selbst hatte das Aufklärungsgespräch als sehr kurz beschrieben. Kurz bedeutet nicht gleich, dass das Gespräch unzureichend gewesen ist, aber folgende Fakten sind von Bedeutung: Da bei Katharina ein, objektiv betrachtet, völlig unnötiges Risiko eingegangen wird, verlangt die Rechtsprechung vom aufklärenden Arzt, dass sämtliche potenziellen negativen Folgen des Eingriffs »besonders sorgfältig, umfassend und gegebenenfalls schonungslos aufzuklären sind«. Das gilt nicht nur inhaltlich in Bezug auf Gründlichkeit und Eindringlichkeit, sondern auch in zeitlicher Hinsicht. Hier ist eine frühzeitige Aufklärung erforderlich, bevor der Patient in die Operationsvorbereitungen einbezogen wird, sodass beispielsweise eine erstmalige Aufklärung und Konfrontation mit erheblichen Risiken am Vorabend der Operation als nicht ausreichend angesehen wird (OLG Frankfurt, Urteil vom 11.10.2005 -8 U 47/04).

Die Aufklärung mehrere Monate vor der geplanten Operation hingegen kann zu früh sein. Die Rechtsprechung verlangt eine angemessene Zeit vor dem Eingriff. Eine pauschale Zeitangabe gibt es dabei allerdings nicht. So entsteht natürlich ein gewisser Spielraum für juristische Diskussionen und Bewertungen.

Im Fall von Katharina spielt ihr schwaches Bindegewebe eine entscheidende Rolle. Von dem hört sie während der Aufarbeitung ihres Falles zum ersten Mal. Doch daran leidet sie tatsächlich, und das hätte ihr Arzt feststellen und Katharina darauf hinweisen müssen. Der Sachverständige in diesem Fall führt an: Hätte diese Aufklärung stattgefunden, dann wäre Katharina bewusst gewesen, dass ihre Brüste nach der Operation nach einer gewissen Zeit wieder hängen könnten. Diese Aufklärung hat der Arzt unterlassen, und das kann man ihm dementsprechend vorwerfen.

Der eingeschaltete Sachverständige kommt zu noch einem anderen, entscheidenden Punkt: Er ist der Ansicht, dass die Brustimplantate für Katharina schlichtweg zu groß und zu schwer gewählt wurden und somit für schwaches Bindegewebe nicht geeignet waren. Und auch die Verhärtungen an ihren Brüsten seien nicht schicksalhaft eingetreten, sondern auf handwerkliche Nachlässigkeiten des operierenden Arztes zurückzuführen.

Und jetzt kommt noch ein saures Bonbon dazu: Es steht der Vorwurf im Raum, dass der Schönheitschirurg gelogen beziehungsweise die Behandlungsunterlagen manipuliert hat. Was hat es damit auf sich?

In den vorgerichtlich übersandten Behandlungsunterlagen ist vermerkt, dass der Chirurg Katharina von der Brustoperation abgeraten habe! Dem widerspricht sie vehement. Katharina führt noch einmal an, dass genau das Gegenteil der Fall gewesen sei. Der Arzt habe in höchsten Tönen von dem Eingriff geschwärmt und ihr ein wunderschönes Ergebnis vorausgesagt.

Wer sagt hier die Wahrheit?

Tatsache ist, dass der Arzt der Manipulation der Behandlungsunterlagen überführt werden konnte. Seine Stolperfalle war die digitale Technik. Der Bundesgerichtshof hat 2021 in einem richtungsweisenden Urteil festgestellt, dass eine elektronische Dokumentation, die nachträgliche Änderungen nicht erkennbar macht, nicht den rechtlichen Anforderungen entspricht. Das bedeutet, wenn ein Arzt nachträglich die Patientenakte bearbeitet, dann muss man die Änderungen deutlich erkennen können. Und ganz wichtig: Man muss sehen können, wann die Änderungen vorgenommen wurden. Ziel dieser Neuregelungen ist es, eine fälschungssichere Organisation der Dokumentation sicherzustellen. Deshalb muss ein Krankenhaus heutzutage im Falle einer elektronisch geführten Patientenakte den Einsatz einer Software gewährleisten, die nachträgliche Änderungen erkennbar macht.

Der Schönheitschirurg von Katharina benutzte so eine fälschungssichere Software zur Führung der Patientenakte nicht. Er geriet dementsprechend gewaltig unter Druck und gestand kleinlaut ein, die Patientenakte nachträglich zu seinen Gunsten manipuliert zu haben. An dieser Stelle ist deutlich zu betonen, dass ein derartiges Fehlverhalten äußerst selten vorkommt. Zum Glück für die Patienten.

Katharinas Arzt hatte nun zusätzlich strafrechtliche Konsequenzen wegen versuchten Prozessbetrugs zu erwarten. Wahrscheinlich war er auch deswegen sofort bereit, einem Vergleich zuzustimmen. Und der sah zum Schluss so aus, dass Katharina einen Schadensersatzbetrag zur Abfindung sämtlicher Ansprüche in Höhe von 20 000 Euro zugesprochen wurde.

Ob Katharina Teile dieses Geldes für eine erneute Operation verwenden wird, bleibt abzuwarten. Bei ihr sieht es zum Abschluss des Prozesses leider so aus: Die Brüste sind nach wie vor erschlafft, sie hat stechende Schmerzen wegen der Verhärtungen, kann deshalb keinen BH tragen und ist in ihren Bewegungen eingeschränkt. Sie kann zum Beispiel keine Wäsche bügeln. Im Sommer traut sie sich nicht, zum Schwimmen zu gehen. Die Lust auf Sex ist ihr vergangen und sie leidet an depressiven Phasen, in denen sie so gut wie gar nicht mehr das Haus verlässt.

Katharina ist aber froh, dass sie den Schritt zum Anwalt gewählt hat und ihre Leidensgeschichte zumindest angehört wurde. Bleibt zu hoffen, dass sie sich vom Erlebten erholen kann.

UNVOLLSTÄNDIGER WERKZEUGKOFFER

Paul ist 43 Jahre alt und Berufsmusiker. Er lebt mit seiner Frau Jasmin und den zwei gemeinsamen Kindern Cosima und Matheo im Ruhrgebiet.

Jasmin kümmert sich in erster Linie um die beiden minderjährigen Kinder und den gemeinsamen Haushalt. Ab und an begleitet sie Paul zu einem seiner Auftritte in der näheren Umgebung.

Schon längere Zeit fühlt Paul sich unwohl. Es grummelt im Magen- und Darmbereich. Ihm ist gelegentlich übel und er fühlt sich oft aufgebläht – es drückt und zwickt im Bauch. Er führt das auf seine unregelmäßigen Schlafenszeiten und seine eher ungesunde Ernährung zurück. Eines Tages ist sein Entsetzen groß, als er beim morgendlichen Stuhlgang etwas entdeckt, das wie Blut aussieht. In so einem Moment haben sich schon viele Menschen umsonst gefürchtet, denn oft haben rot gefärbter Stuhl oder Urin harmlose Ursachen. Eine rote Verfärbung kann zum Beispiel durch Nahrungsmittel wie Rote Bete entstehen und verschwindet dann nach ein bis zwei Tagen wieder. Allerdings: Hinter rotem Stuhlgang kann auch eine ernsthafte Erkrankung stehen. So kann es sich etwa um einen ersten Hinweis auf Darmkrebs handeln.

Paul ist die Sache nicht geheuer, er vereinbart richtigerweise einen Termin bei seiner Hausärztin. Diese schließt ein ernsthafteres Problem nicht aus und veranlasst eine zeitnahe Koloskopie, also eine Darmspiegelung.

Mit einem unguten Gefühl unterzieht sich Paul dieser Untersuchung in einem nahegelegenen Krankenhaus, das Darmspiegelungen im Rahmen seiner Internetpräsenz als Routineeingriff bezeichnet.

Die Untersuchung bringt dann die traurige Wahrheit ans Licht: Der Arzt entdeckt in Pauls Darm einen Tumor, der sich in weitergehenden Untersuchungen leider als bösartig herausstellt.

Je früher Darmkrebs erkannt wird, desto besser sind die Heilungschancen. Daher spielt gerade beim Darmkrebs die Früherkennung eine wichtige Rolle. Der Gesetzgeber hat aus diesem Grund die Möglichkeit von kostenlosen Früherkennungs- und Vorsorgeuntersuchungen ab dem 50. Lebensjahr geschaffen.

Dieses Alter hat Paul noch nicht erreicht, weshalb er noch kein Verfahren zur Früherkennung von Darmkrebs in Anspruch genommen hat. Auch keinen Stuhltest, der als Kassenleistung ab dem 55. Lebensjahr alle zwei Jahre bezahlt wird, wenn man sich gegen eine an sich deutlich aufschlussreichere Darmspiegelung entschieden haben sollte.

Nach der ersten Schockdiagnose entschließt sich Paul in Abstimmung mit seiner Familie für eine zeitnahe Operation, um den Tumor entfernen zu lassen. Diese Operation verläuft nach Einschätzung der Ärzte vollkommen komplikationsfrei. Man teilt Paul nach der OP mit, dass der Tumor in seinem Darm komplett entfernt werden konnte.

Doch schon kurz nach dem Eingriff stellen sich arge Beschwerden im Bauchraum ein. Paul hält die Schmerzen für normal nach so einem Eingriff und beißt tapfer die Zähne zusammen. Die Schmerzen begleiten ihn auch während der anschließenden Chemotherapie. Auch da glaubt Paul weiterhin, dass die anhaltenden Beschwerden normal sind.

Etwa sieben Wochen später sind die Schmerzen aber dermaßen unerträglich, dass er nochmals im Krankenhaus vorstellig wird und um weitere Untersuchungen bittet. Die angefertigte CT-Aufnahme verschlägt nicht nur Paul die Sprache, sondern auch dem im Krankenhaus beschäftigten Radiologen.

Die Aufnahme zeigt eine etwa 30 Zentimeter lange Zange, die sich später als Kornzange entpuppt und die bei der Krebsoperation offensichtlich im Bauchraum von Paul zurückgelassen wurde. Unglücklicherweise hat sich in den Wochen bis zu dieser Entdeckung ein Abszess gebildet, zudem sind bereits diverse Verwachsungen festzustellen.

Paul muss sofort notoperiert werden. Dabei werden die vergessene Zange, der entstandene Abszess im Bauchraum und ein 15 Zentimeter langer Teil des Dünndarms entfernt. Nach der Operation bleibt Pauls Bauchdecke unverschlossen und wird nur mittels eines Kunststoffnetzes provisorisch zusammengehalten.

Eine weitere Operation wird erforderlich, bei der wieder ein etwa 25 Zentimeter langer Teil des Dünndarms wegen eingetretener Durchblutungsstörungen entfernt werden muss.

Es folgen noch zwei weitere Operationen, in denen jeweils ein weiterer Teil des Dünndarms entfernt wird.

Paul, der die Krebserkrankung erfreulicherweise inzwischen überwunden hat, erhält einige Wochen später aufgrund der geschwächten Bauchdecke ein Bauchdeckenimplantat.

Man sollte meinen, dass die juristische Abwicklung dieses Falles unkompliziert verlaufen ist. Schließlich haben die Ärzte ohne Zweifel eine Zange in Pauls Bauchraum hinterlassen, die zu Komplikationen und Schmerzen geführt hat. Aber von einem komplikationsfreien Fall sollte man niemals ausgehen. Der Haftpflichtversicherer des Krankenhauses war nicht bereit, in eine außergerichtliche Schadensregulierung einzutreten. Stattdessen versuchte er das Versäumnis damit zu relativieren, dass die OP-Instrumente sogar zweimal gezählt worden seien und beide Male eine Vollständigkeit festgestellt worden sei. Daher könne man sich nicht erklären, wie die Kornzange in Pauls Bauchraum gelangt sei – zumindest sei keiner der handelnden Personen ein Vorwurf zu machen.

Es musste daher wider Erwarten eine gerichtliche Klärung herbeigeführt werden.

Mit Eingang der Klageschrift zahlte der Versicherer einen Schmerzensgeldbetrag in Höhe von 13 000 Euro zur Abgeltung sämtlicher Ansprüche beziehungsweise zur sogenannten Klaglosstellung, wie es der Jurist formuliert. Offensichtlich hatte er jetzt doch ein Stück weit kalte Füße bekommen.

Mit dieser unzureichenden Zahlung war Paul jedoch nicht einverstanden, sodass das Verfahren fortgesetzt wurde. Im Rahmen des Prozesses wurden verschiedene juristisch bedeutsame Gegebenheiten erörtert:

Im Fall von Paul gelangte das Gericht nach Anhörung des von ihm selbst beauftragten medizinischen Gutachters zu der Überzeugung, dass den Krankenhausärzten ein grober Behandlungsfehler anzulasten ist. Es sprach ihm neben den bereits gezahlten 13 000 Euro einen weiteren Schmerzensgeldbetrag in Höhe von 27 000 Euro zu und stellte zudem fest, dass der Krankenhausträger verpflichtet ist, sämtliche immateriellen und materiellen Schadensersatzansprüche von Paul auch in Zukunft abzugelten. Immaterieller Schadensersatz, also Schmerzensgeld, ist bei einer künftigen Verschlechterung des Gesundheitszustandes allerdings nur dann zu bezahlen, wenn dies zum Zeitpunkt der gerichtlichen Entscheidung nicht vorhersehbar war.

Eine vergessene Schere, ein zurückgelassenes OP-Besteck oder ein verschwundenes Bauchtuch sind Klassiker der Berichterstattung über Ärztefehler.

Das Aktionsbündnis Patientensicherheit (APS) beruft sich bei einer veröffentlichten Schätzung zum Verbleib von OP-Gegenständen auf mehrere Studien und Umfragen. Insgesamt bleiben demnach in Deutschland jährlich bis zu 3000 Fremdkörper wie Tupfer und Bauchtücher nach einem Eingriff unbeabsichtigt im Körper der Patienten zurück. Das APS forderte folglich strengere Regeln und deren Einhaltung bei den Zählkontrollen der OP-Materialien.

Nach ständiger Rechtsprechung des Bundesgerichtshofs in Arzthaftungssachen schuldet der Arzt dem Patienten nicht die erfolgreiche Herstellung seiner Gesundheit, sondern lediglich das sorgfältige Bemühen um Hilfe und Heilung. Zudem gibt es Vorgänge im lebenden Organismus, die auch vom besten Arzt nicht immer beherrscht werden können. Daher erlaube der ausbleibende Erfolg oder auch ein Fehlschlag einer ärztlichen Behandlung im Allgemeinen keinen Rückschluss auf ein Verschulden bei der Behandlung. Etwas anderes gelte dann, wenn es nicht um den nur begrenzt steuerbaren Kernbereich ärztlichen Handelns, sondern um die Verwirklichung von Risiken geht, die vom

Träger der Klinik und dem dort tätigen Personal beherrscht werden können.

Hierunter fallen alle Risiken, die voll beherrschbar sind und voll beherrscht werden müssen (zum Beispiel Sturz vom Operationstisch, defektes Narkosegerät, Lagerungsschaden, Seitenverwechslung, Vergessen des Operationsbestecks im Bauchraum et cetera).

Das unbemerkte Zurücklassen eines Fremdkörpers im Operationsgebiet wird einhellig dem voll beherrschbaren Bereich des Arztes beziehungsweise der Klinik zugeordnet. Das hat zur Folge, dass der Krankenhausträger beziehungsweise die Ärzte die Darlegungs- und Beweislast für die Gewähr einwandfreier Voraussetzungen für eine sachgemäße und gefahrlose Behandlung tragen (beispielhaft: Urteil des BGH vom 18.12.1990, Aktenzeichen VI ZR 169/90). Auch wenn der Rechtsbegriff »voll beherrschbares Risiko« etwas anderes suggeriert, steht der Behandlerseite stets der Nachweis offen, dass die gebotene Vorsorge und Sorgfalt aufgeboten wurde, um die Verwirklichung des Risikos zu verhindern, der Pflichtwidrigkeits- beziehungsweise Schuldvorwurf somit unbegründet ist. Ebenso wenig lässt die Verwirklichung eines Risikos aus dem voll beherrschbaren Bereich von vorneherein auf einen groben Behandlungsfehler schließen. Das unbemerkte Zurücklassen eines Fremdkörpers im Operationsgebiet kann zwar ein grober Fehler sein, der nicht mehr verständlich ist, weil er einem Arzt des entsprechenden Fachs schlechterdings nicht unterlaufen darf – zwingend ist dies jedoch nicht immer. Ein Beispiel für eine Ausnahme wäre, dass die Anzahl der Tupfer sorgsam geprüft wurde, es dabei zu einer Fehlzählung gekommen ist, weil etwa das Operationsgebiet nicht gut einsehbar war, und ein Tupfer nicht entdeckt werden konnte.

DIE VERIRRTE MAGENSONDE

Werner hatte sich sein Rentnerdasein ganz anders vorgestellt. Privat und auch gesundheitlich. Er ist 69 Jahre alt, bewohnt ein kleines Fachwerkhaus in einer idyllischen Kleinstadt am Rande der Donau. Seine Frau Regina ist vor vier Jahren an den Folgen eines Schlaganfalls gestorben. Die beiden erwachsenen Kinder, Josy und Henning, wohnen Hunderte Kilometer weit entfernt. Der Witwer fühlt sich oft einsam, und dann kommen diese Beschwerden dazu, an deren Behandlung Werner in der Folge versterben wird.

Wie kommt es dazu?

Werner bemerkt beim Frühstück zum ersten Mal, dass etwas nicht stimmt. Das Schlucken fällt ihm schwer. Einige Male schon hat das gekochte Ei etwas länger gebraucht, um durch die Speiseröhre zu rutschen. Besonders, wenn er zu schnell isst. Doch diesmal bereitet ihm schon das Teetrinken Probleme. Sein Hals fühlt sich an wie zugeschnürt. Weil sich daran auch im Laufe des Tages nichts ändert, ruft er besorgt in der Praxis seines Hausarztes an. Noch am Nachmittag desselben Tages soll er vorbeikommen.

Vom Arzt bekommt Werner die Diagnose, seine Speiseröhre sei eingeengt durch die Aussackung eines großen Blutgefäßes. Weil er mittlerweile fast gar keine Nahrung mehr zu sich nehmen kann, wird er ins Krankenhaus eingeliefert und bekommt zunächst eine nasogastrale Sonde. Er wird also mit Flüssignahrung durch einen Schlauch versorgt, der durch die Nase in den Magen führt. Transnasale Sonden werden bevorzugt eingesetzt, wenn die künstliche Ernährung nur über einen relativ kurzen Zeitraum durchgeführt wird oder wenn noch nicht klar ist, wie lange der Patient künstlich ernährt werden muss.

Werner arrangiert sich überraschend gut mit dieser ersten Lösung. Er bleibt fröhlich und ist auf dem Weg der Besserung. Er unternimmt Spaziergänge auf den Krankenhausfluren und spielt in der Cafeteria mit anderen Patienten Gesellschaftsspiele wie *Mensch ärgere dich nicht*.

Bei der Behandlung von Werner ist eine besondere Anomalie zu verzeichnen: nämlich kann bei ihm der Hustenreflex nicht ausgelöst werden. Das kommt äußerst selten vor, denn normalerweise ist der Hustenreflex ein unwillkürlicher Schutzreflex des Körpers, den man nicht steuern beziehungsweise ganz schwer unterdrücken kann. Beim Husten befreit man sich reflexartig von Fremdkörpern oder Sekretansammlungen in den Atemwegen.

Diesem fehlenden Hustenreflex soll im weiteren Verlauf eine besondere Bedeutung zukommen. Zunächst ist Werner aber auf dem Weg der Besserung. Die Ärzte sehen allerdings weiterhin keine Chance, dass er wieder normal essen können wird. Es muss eine dauerhafte Lösung her. Werner soll jetzt eine PEG-Sonde bekommen.

PEG ist eine längere oder dauerhafte Sondenernährung. Das Kürzel steht für die perkutan-endoskopische Gastrostomie und bedeutet, dass meist endoskopisch ein künstlicher Zugang von außen durch die Bauchdecke in den Magen gelegt wird. Die PEG-Ernährung gilt heute als sicheres und wirksames Verfahren, um eine angemessene Ernährung bei Patienten sicherzustellen. Komplikationen sind eher selten. Über die Sonde können auch Medikamente verabreicht werden.

Bei Werner läuft es allerdings nicht gut. Bei ihm ist es aus anatomischen Gründen – nämlich einer gravierenden Magenverengung – nicht möglich, eine PEG-Sonde zu legen.

Daher wird ihm wieder eine Nasensonde gelegt. Diese wird nach einigen Tagen gezogen, gereinigt und wieder neu gelegt. Und an dieser Stelle geht offenbar einiges schief. Der behandelnde Arzt erklärt sich dazu im gerichtlichen Verfahren und beschreibt die Verlegung der Nasensonde im ersten Ansatz als durchaus schwierig. Aber beim erneuten Versuch habe es dann »problemlos geklappt«. Um die richtige Lage der Sonde zu kontrollieren, sei ein Lufttest gemacht worden, bei dem über einen

Schlauch Luft eingeblasen wurde. Mit einem Stethoskop habe der Arzt dann abgehört, ob die Luft im Magen angekommen sei. Bei Werner habe er in diesem Moment »ein deutliches Zischgeräusch im Magen gehört«. Ein weiterer Arzt sei anwesend gewesen, außerdem ein Pfleger und einige Praktikanten, denen er das Verfahren erklärt und es noch ein zweites Mal durchgeführt habe. Nach diesem Standardtest sei er sicher gewesen, dass die Sonde richtig eingeführt worden war. Zur Sicherheit hätte man auch noch Magensaft entnehmen oder eine Röntgenaufnahme machen können, zur weiteren Kontrolle, dass die Nahrung auch ankommt. Das habe er aber nicht als erforderlich angesehen.

Stattdessen habe man Werner Flüssigkeit zugeführt. Erst langsam und tröpfchenweise, dann bekam Werner 200 Milliliter Tee und zusätzlich 250 Milliliter Sondernahrung verabreicht. Der Arzt erinnerte sich daran, dass er nach einer halben Stunde noch einmal nach Werner geschaut habe, und da sei alles in Ordnung gewesen.

Das mag nun so gewesen sein. Aber nur ein paar Stunden später verschlechtert sich Werners Zustand dramatisch. Der Pflegedienst findet ihn in seinem Bett liegend, mit blutigem Schleim vor dem Mund und nach Luft ringend.

Sein Gesundheitszustand verschlechtert sich zunehmend, sodass er auf die Intensivstation verlegt werden muss. Dort kommen starke Schmerzen im Brustbereich und Fieber dazu. In diesem Zustand wird Werner in ein anderes, besser ausgestattetes Krankenhaus verlegt.

Dort wird unverzüglich eine Röntgenaufnahme gemacht, und diese zeigt ein furchtbares Bild: Die Sonde führt nicht in Werners Magen, sondern in seine Lunge! Der Schlauch mündete in einen Lungenflügel. Die Fehlplatzierung – eine Katastrophe, wenn sie nicht bemerkt wird. Denn über die Sonde kann nun Nahrung oder Flüssigkeit in die Lunge gelangen und im ersten Schritt eine Lungenentzündung hervorrufen. Das ist auch der Grund, warum man nüchtern in eine Operation gehen sollte. Damit kein Mageninhalt in die Lunge gelangen kann.

Bei Werner nimmt die Tragödie ihren Lauf. Ein Lungenflügel ist infiziert und in der Folge zerstört. Er muss komplett entfernt werden. Kurzzeitig geht es Werner zwar besser, aber dann kommt es Schlag auf Schlag: Werner entwickelt eine Sepsis mit anschließendem Multiorganversagen.

Die Sepsis (laienhaft auch Blutvergiftung genannt) ist eine lebensbedrohliche Organdysfunktion aufgrund einer fehlregulierten Wirtsantwort auf eine Infektion. Eine Sepsis ist also ein lebensbedrohlicher Zustand, der eintritt, wenn die Antwort des Körpers auf eine Infektion die eigenen Gewebe und Organe schädigt, wobei die Organschädigung bis hin zum Organversagen das Kriterium ist, das die Sepsis von unkomplizierten Infektionen unterscheidet.

Weil es so wichtig ist – kurz übersichtlich die Anzeichen einer Sepsis, bei der man sich in aller Regel extrem krank fühlt:

- Fieber oder Unterkühlung, Schüttelfrost
- plötzliche Schläfrigkeit, Verwirrtheit, Unruhe
- schneller Herzschlag, erhöhter Puls
- niedriger Blutdruck
- schnelle, schwere Atmung, Luftnot
- (Muskel-)Schmerzen
- verfärbte oder fleckige Haut
- Austrocknen, kein Wasserlassen
- Durchfall, Übelkeit, Erbrechen

Die Sepsis ist weltweit die häufigste infektionsbedingte Todesursache. Alle vier Sekunden (!) stirbt ein Mensch an einer Sepsis.

Und leider führt die Sepsis auch bei Werner schon wenige Tage später zum Tod.

In rechtlicher Hinsicht schließen sich sowohl ein staatsanwaltschaftliches Ermittlungsverfahren als auch ein zivilrechtliches Verfahren an, das von Werners Erben betrieben wird.

Wichtig ist in diesem Zusammenhang, dass Erben nur als »gesamte Hand« tätig werden können. Dies bedeutet, dass die Erben nur gemeinschaftlich die Schadensersatzansprüche verfolgen können, die eine Erbenstellung voraussetzen. Verkürzt: alle oder keiner. Wollen von zehn Erben neun ein zivilrechtliches Verfahren anstrengen und einer nicht, so geht es nicht.

Dies gilt allerdings nicht für das sogenannte Hinterbliebenengeld, das unter gewissen Voraussetzungen auch der Nichterbe geltend machen kann.

Erst seit dem Jahr 2017 regelt die Vorschrift des § 844 Abs. 3 BGB diese Entschädigungsleistung, die im Falle der Tötung einer Person durch einen Dritten gezahlt wird. Personen, die in einem besonderen persönlichen Näheverhältnis zum Getöteten standen, können das Hinterbliebenengeld geltend machen. Es handelt sich allerdings nicht um einen fixen Betrag. Er bewegt sich in aller Regel in einer Größenordnung um 10000 Euro, kann aber auch deutlich darüber hinausgehen oder auch darunterliegen.

Der Bundesgerichtshof hat jüngst erstmals Kriterien für die Höhe des Hinterbliebenengeldes aufgestellt. Entscheidend sei das seelische Leid des Anspruchstellers. Hier will der Bundesgerichtshof vor allem die Art des Näheverhältnisses, die Bedeutung des Verstorbenen für den Anspruchsteller und die Qualität der persönlichen Beziehung zwischen dem Anspruchsteller und dem Verstorbenen berücksichtigen. Daneben will der Bundesgerichtshof das Verschulden des Schädigers berücksichtigen. Für Angehörige eines Verbrechensopfers wird das Hinterbliebenengeld daher höher ausfallen als bei Angehörigen eines Verkehrsunfallopfers (BGH-Urteil vom 06.12.2022 – VI ZR 73/21).

Zum Zeitpunkt des gerichtlichen Verfahrens im Fall von Werner gab es das gesetzlich normierte Hinterbliebenengeld allerdings noch nicht.

Ohnehin lässt sich der beschuldigte Arzt im Rahmen seiner Parteianhörung in diesem Verfahren dahingehend ein, dass er »zweifelsfrei alles richtig gemacht« habe. Er habe einen Lufttest gemacht und sei vollkommen sicher gewesen, dass die Sonde im Magen liege und nicht in der Lunge. Einen weiteren Test habe er nicht durchführen müssen.

Dem ist allerdings der gerichtlich bestellte Sachverständige entschieden entgegengetreten. Eine Röntgenaufnahme des Bauchraums, so der Sachverständige, gilt als der Goldstandard zur Bestimmung der Position einer Magensonde, insbesondere bei schwerkranken, älteren und bewusstlosen Patienten und, dies ist vorliegend entscheidend, wann immer man bei einem Patienten nicht den natürlichen Hustenreflex auslösen kann. Dies sei bekanntermaßen bei Werner der Fall gewesen. Daher habe allein der Lufttest nicht ausgereicht, um die richtige Position der Magensonde zu bestimmen. Zumindest hätte der beschuldigte Arzt eine Aspiration des Magensafts zusätzlich zum Lufttest vornehmen müssen, wenn er schon auf eine Röntgenaufnahme verzichtete.

Vor diesem Hintergrund kam das Landgericht nicht umhin, den Erben von Werner einen Schadensersatzbetrag zuzusprechen, der sich in Summe auf 12 000 Euro belief. Darin auch enthalten waren die angefallenen Beerdigungskosten, für die die Erben nach den gesetzlichen Bestimmungen aufkommen müssen.

Der Ausgang des strafrechtlichen Verfahrens ist, dies zur Vervollständigung, nicht bekannt geworden.

HERR MAIER IST NICHT HERR MEIER

Die sorgsame ärztliche Dokumentation ist enorm wichtig. In vielerlei Hinsicht. Das zeigt auch der Fall von Johannes Maier wieder eindrücklich.

Die Dokumentation ist zum einen eine persönliche Gedächtnisstütze für den Arzt, zum anderen soll sie eine sachgerechte Behandlung und Weiterbehandlung des Patienten durch die nachfolgenden Ärzte gewährleisten. Weiterer Zweck der Dokumentation ist die Wahrung der Persönlichkeitsrechte der Patienten, die sich mithilfe ihrer Unterlagen den Behandlungsablauf darstellen lassen können. Schließlich dient eine ordnungsgemäße Dokumentation der Beweissicherung, beispielsweise im Falle des Vorwurfs einer fehlerhaften Behandlung. Denn was zu dokumentieren ist, aber nicht dokumentiert wurde, kann zu Beweiserleichterungen des Patienten führen, und zwar bis hin zur Beweislastumkehr. Nur zu einer eigenen Anspruchsgrundlage führen die Dokumentationsversäumnisse nicht.

Hier einmal der rechtliche Rahmen:

§ 630f Abs. 2 BGB bestimmt den Umfang der erforderlichen Dokumentation. Aufzuzeichnen sind danach sämtliche aus fachlicher Sicht für die derzeitige und künftige Behandlung wesentlichen Maßnahmen und deren Ergebnisse, insbesondere die Anamnese (Krankheitsgeschichte), die Diagnosen, Untersuchungen, Untersuchungsergebnisse, Befunde, Therapien und ihre Wirkungen, sämtliche Eingriffe und ihre Wirkungen sowie alle Einwilligungen und Aufklärungen. Arztbriefe sind ebenfalls in die Patientenakte aufzunehmen. Die Aufzählung in § 630f Abs. 2 BGB ist nicht abschließend. Wann eine Behandlungsmaßnahme wesentlich und damit dokumentationspflichtig ist, ist vom Arzt anhand der konkreten Umstände des Einzelfalles zu entscheiden.

Die Dokumentation ist in unmittelbarem zeitlichem Zusammenhang (2 bis 14 Tage wurden mitunter in der Rechtsprechung noch als zulässig angesehen) mit der Behandlung vorzunehmen (§ 630f Abs. 1 S. 1 BGB) und hat somit in der Regel während oder unmittelbar nach der Behandlung zu erfolgen. Zur Beweissicherung ist auch der Zeitpunkt der Vornahme der Dokumentation aufzunehmen.

Die Aufzeichnungen können sowohl elektronisch (dann allerdings mit fälschungssicherer Software) als auch in Papierform geführt werden und müssen für andere Ärzte leserlich sowie fachlich nachvollziehbar sein. Laienverständlichkeit ist dagegen nicht erforderlich, daher genügen auch übliche Abkürzungen und Stichworte. Berichtigungen und Änderungen sind nur zulässig, wenn neben dem ursprünglichen Inhalt erkennbar bleibt, wann sie vorgenommen worden sind, § 630f Abs. 1 S. 2 BGB.

Die dokumentierten Vorerkrankungen von Johannes sind umfangreich. Aber in Anbetracht seines stolzen Alters von fast 90 Jahren auch nicht allzu verwunderlich:

- Aortenstenose (angeborene oder erworbene Einengung des Ausflusstraktes der linken Herzkammer)
- Vorhofflimmern
- Antikoagulation mit Marcumar
- rezidivierende Bronchitiden
- Refluxkrankheit
- Urothelkarzinom
- Zustand nach Lungenembolie
- Zustand nach Prostatektomie
- Coxarthrose links und andere mehr

Johannes lebt trotz seines fortgeschrittenen Alters noch allein in einer bescheidenen Zweizimmerwohnung und versorgt sich weitestgehend selbst. Nur am Vormittag kommt ein ambulanter Pflegedienst, der ihn unterstützt. An den Wochenenden schaut regelmäßig seine Tochter vorbei.

Es ist ein Donnerstagnachmittag im Advent 2021, Johannes ist allein in seiner Wohnung. Wie üblich, gegen 16:00 Uhr, will er sich eine Tasse Tee aufbrühen. Es dauert eine Weile, bis er sich vom Sofa hochstemmen kann. Auf dem Weg in die kleine Küche ärgert er sich noch, dass er an diesem Tag besonders wackelig auf den Beinen ist. Auf der Schwelle zur Küchentür verliert er das Gleichgewicht und stürzt. Ein gewaltiger Schmerz zieht durch seine rechte Hüfte.

Für einige Minuten ist Johannes benommen, dann erinnert er sich an den Notrufknopf an seinem Handgelenk. Den trägt er seit einem guten Jahr. Seine Tochter bestand darauf, hat ihn für ihren Vater besorgt und mit ihm auch immer wieder über die Funktionsweise gesprochen.

Immer mehr Anbieter bieten einen Hausnotruf mit Schlüsselhinterlegung an, die mittlerweile von rund 80 Prozent der Hausnotrufnutzer genutzt wird. Und das hat einen guten Grund: Im Alter läuft ein Sturz zumeist nicht glimpflich ab. Fakt ist: In den meisten Fällen ist die verunfallte Person nicht mehr dazu in der Lage, selbstständig aufzustehen, um den Rettungskräften die Haustür zu öffnen.

Wurde beim Hausnotruf die Option der Schlüsselhinterlegung nicht wahrgenommen, stehen die Rettungskräfte erst einmal vor der verschlossenen Tür. Um die notwendige Hilfe leisten zu können, bleibt ihnen dann nichts anderes übrig, als sich anderweitig Zugang zum Haus oder zur Wohnung zu verschaffen – etwa die Tür aufzubrechen. Diese Maßnahme ist nicht nur mit zusätzlichen Kosten, sondern auch mit einem größeren Zeitaufwand verbunden. Wichtige Momente verstreichen, in denen sich der Gesundheitszustand der verunfallten Person rapide verschlechtern kann. Es geht unnötig wertvolle Zeit verloren.

Im Fall von Johannes ist ein Ersatzschlüssel hinterlegt, und deshalb steht der Rettungsdienst schon Minuten später in Johannes' Küche. An dieser Stelle kurz zum richtigen und wichtigen Verständnis und zur Einordnung: Der Beruf des Rettungshelfers ist für viele Menschen der Einstieg in den Rettungsdienst. Dieser kümmert sich hauptsächlich um die Durchführung der Krankentransporte. Anschließend folgt meistens eine Weiterbildung zum Rettungssanitäter. Der untersteht wiederum dem

Notfallsanitäter und assistiert diesem. Der Notfallsanitäter ist die höchste nicht ärztliche Qualifikation im Rettungsdienst.

Notfallsanitäter beurteilen bei medizinischen Notfällen den Gesundheitszustand von kranken, verletzten oder hilfsbedürftigen Personen und entscheiden, ob ein Arzt gerufen werden muss. Bis zum Eintreffen des Arztes beziehungsweise bis zum Transport der Patienten führen sie die medizinische Erstversorgung durch und ergreifen gegebenenfalls lebensrettende Sofortmaßnahmen. Sie stellen die Transportfähigkeit der Patienten her und betreuen sie während der Fahrt zum Krankenhaus. Sie überwachen die lebenswichtigen Körperfunktionen der Patienten und erhalten diese aufrecht. Die Ausbildung zum Notfallsanitäter ist bundesweit einheitlich geregelt und findet an Berufsfachschulen sowie an Lehrrettungswachen und in Krankenhäusern statt. Sie dauert in Vollzeit in der Regel drei Jahre, in Teilzeit fünf Jahre und führt zu einer staatlichen Abschlussprüfung.

Johannes wird mit dem Rettungsdienst in die interdisziplinäre Notaufnahme des örtlichen Krankenhauses eingeliefert und dort stationär aufgenommen.

Sofort wird in der Klinik ein Aufnahmebefund erstellt, der die bekannten unfallunabhängigen Vorerkrankungen beinhaltet und in dem es bei Johannes heißt: »Patient ist schmerzbedingt immobil, es bestehen Schmerzen im Bereich des rechten Hüftgelenks. Deutlicher Trochanter-Druckschmerz (der Trochanter ist ein Teil des Oberschenkelknochens) und Leistendruckschmerz. Das Bein ist verkürzt, es besteht eine Innenrotationsfehlstellung. Periphere Durchblutung, Motorik und Sensibilität intakt.« Die radiologische Diagnostik zeigt eine Oberschenkelfraktur rechts.

Direkt am nächsten Tag wird Johannes erfolgreich und, wie es im Operationsbericht heißt, problemlos operiert.

Wer schon mal Patient im Krankenhaus war, weiß, dass man während der stationären Behandlung nach seinen einzunehmenden Medikamenten befragt wird. Johannes ist nicht in der Lage, den Ärzten diese Auskunft zu geben. Zum Glück kennt seine Tochter seinen Medikamentenplan und informiert das Krankenhaus entsprechend. Die umfangreiche Auflistung und Dosierung der Medikamente ist in den Krankenunterlagen dann auch aufgeführt.

Am Operationstag allerdings finden sich keine Handzeichen in der Krankenakte bezüglich der Verabreichung der dauerhaften Medikamente. Auch in den folgenden Tagen findet sich keine Notiz. Vermerkt ist allein die Gabe anderer Medikamente, insbesondere Heparin zur Blutverdünnung.

Johannes' Zustand wird am ersten postoperativen Tag als »sehr schwach und nicht orientiert sowie kurzatmig« beschrieben. Am Tag danach als »ganz verwirrt«. Noch einen Tag später als »sehr verwirrt« und schließlich als »heute mit deutlich brodelnder Atmung«.

Mit Verdacht auf eine Pneumonie wird dann eine Lungenröntgenaufnahme durchgeführt. Diese zeigt eine Cor pulmonale. Darunter versteht man eine Vergrößerung und Schwächung der (rechten) Herzkammer aufgrund einer Druckerhöhung innerhalb der nachgelagerten Lungenarterien mit Folge eingeschränkter Belastbarkeit. Um Johannes' Gesundheitszustand steht es nicht gut, die Ärzte wollen ihn auf die Intensivstation verlegen. Seine Angehörigen, insbesondere seine Tochter, lehnen das ab und verweisen auf die Patientenverfügung von Johannes.

Im weiteren Verlauf verschlechtert sich Johannes' Zustand weiter und er verstirbt einige Tage später.

Seine Tochter als seine Erbin sucht rechtlichen Beistand und es wird ein Schlichtungsverfahren vor der Gutachterkommission der zuständigen Ärztekammer eingeleitet. In dessen Rahmen kommt es zu einem eher seltenen persönlichen Anhörungstermin des Verwaltungsdirektors des Krankenhauses und des leitenden Oberarztes.

Diese führen aus, dass bei der Aufnahme von Johannes ein Medikamentenzettel in der Notaufnahme gelegen habe. Dieser sei zur Behandlung von Johannes übernommen worden. Wie sich erst später herausstellt, lag eine folgenschwere Verwechslung vor. Es handelte sich nicht um die Medikamentenliste von Johannes – sondern um die eines anderen Patienten, eines gewissen Herrn Meier. Dies sei zunächst nicht aufgefallen, da der behandelnde Stationsarzt selbst die Aufnahme gemacht habe und deshalb kein zweiter Blick auf die Liste geworfen wurde.

Der seitens der Gutachterkommission beauftragte Sachverständige führt dazu in seiner gutachterlichen Beurteilung Folgendes aus: »In der Patientenkurve sind an mehreren Tagen Medikamentengaben eingetragen. Diese Verordnung beruht jedoch auf der nicht näher nachvollziehbaren falschen Zuordnung der Patientenliste eines anderen Patienten, insbesondere eines Schmerzpatienten, schon in der Notaufnahme.«

Der Umstand der falschen Zuordnung wurde erst im Zuge der Verschlechterung des Zustands von Johannes bemerkt und ist entsprechend dokumentiert. Die Verordnung der Medikamente war eindeutig und offensichtlich nicht indiziert. Bei Überprüfung der Medikamente hätte man stutzig werden müssen. Die Medikation passt insgesamt nicht zu den Vorerkrankungen und dem Alter von Johannes. Die Medikamentenliste gleicht eher der eines Patienten mit chronischem Schmerzsyndrom. Eines der verabreichten Medikamente, nämlich »Pregabalin«, ist zudem bei hochbetagten Patienten kontraindiziert. Die Behandlung von Johannes aufgrund der Zuordnung des Medikamentenplans eines anderen Patienten war fehlerhaft. Es lässt sich auch nicht ausschließen, dass dies zu einer Verschlechterung des sich entwickelnden Delirs und damit in letzter Konsequenz zum Versterben von Johannes beigetragen hat.

Die Anwaltsseite deklarierte diese Fehlerhaftigkeit als schwerwiegenden, mithin groben Behandlungsfehler, da derartige Versäumnisse nach der Rechtsprechung des Bundesgerichtshofs in den Bereich der voll beherrschbaren Risiken fallen.

Für die Frage der Beweislast kommt es in Arzthaftungsprozessen darauf an, in welcher Sphäre der Schaden entstanden ist. Stammt das Risiko aus einem Bereich, dessen Gefahren ärztlicherseits objektiv voll ausgeschlossen werden können und müssen (sogenannte voll beherrschbare Risiken), wird vermutet, dass der Schaden auf einem schuldhaften Behandlungsfehler oder Organisationsfehler des Krankenhauses beruht. Das führt in der Regel zu einer Beweislastumkehr.

Aber auch unabhängig von einer Beweislastumkehr, so die weitere rechtliche Ausführung, war in unserem Fall von einer Haftung auszugehen, da der von der Gutachterkommission bestellte Sachverständige feststellen konnte, dass der Fehler letztendlich zum Tod von Johannes mit beigetragen hat. In zivilrechtlicher Hinsicht reicht auch eine Mitverursachung eines ärztlichen Behandlungsfehlers für die Haftungszurechnung aus.

Anders verhält es sich im Strafrecht. In diesem Bereich gelten andere Beweisregelungen, sodass es im Fall von Johannes nicht zu einer strafrechtlichen Verurteilung kam. Denn es war nicht nachzuweisen, dass der Tod von Johannes sicher und zweifelsfrei auf die falsche Medikamentengabe zurückzuführen war. Dies ist aber für eine strafrechtliche Verurteilung erforderlich.

Es folgten wochenlang andauernde Schriftwechsel hinsichtlich der anzusetzenden Höhe der Schadensersatzansprüche. Nach zähem Ringen erfolgte eine Verständigung, glücklicherweise außergerichtlich, auf einen Vergleichsbetrag in Höhe von 30 000 Euro.

AUSSAGE GEGEN AUSSAGE

Selbstverständlich kennt die Aussage-gegen-Aussage-Konstellation aus dem eigenen Leben, aber auch aus dem Film, und dort vor allem aus dem Bereich des Strafrechts. Sie liegt dann vor, wenn sich der Tatverdacht gegen den Beschuldigten oder Angeklagten nur auf die Aussage eines einzigen Zeugen oder einer einzigen Zeugin stützt. Während das mutmaßliche oder tatsächliche Opfer den Tatvorwurf erhebt und einen strafbaren Sachverhalt vorträgt, schildert der Beschuldigte einen völlig anderen Ablauf, der kein strafbares Handeln enthält, oder er bestreitet die Vorwürfe in Gänze.

Am Ende des Prozesses beziehungsweise der Hauptverhandlung muss das Gericht die verschiedenen Aussagen bezüglich ihrer Glaubhaftigkeit bewerten. Dazu stellt der Bundesgerichtshof sehr hohe Anforderungen an die Begründung des jeweiligen Gerichts. Das Gericht muss die widersprüchlichen Aussagen anhand zahlreicher Kriterien bewerten. Am Ende dieser Analyse trifft das Gericht im Urteil eine Entscheidung darüber, welchen Ablauf des Geschehens es für vorstellbarer und demzufolge für zutreffend hält.

Auch im Arzthaftungsrecht stehen sich oftmals die Aussage des behandelnden Arztes und die des Patienten diametral gegenüber. Keine leichte Aufgabe für das Zivilgericht, den zutreffenden Sachverhalt zu ermitteln. Sehr häufig kommt es dann zu einem »non liquet«. Dieser lateinische Begriff stammt ursprünglich aus der römischen Justiz und bedeutet: »Es ist nicht klar.« Auch heute wird im Verfahrensrecht bei Beweisproblemen mit »non liquet« eine Situation bezeichnet, in der weder der Tatsachenvortrag der einen noch der anderen Seite bewiesen werden kann. Diese Unklarheit geht dann zulasten der zur Beweisführung verpflichteten Partei – was in unserem Umfeld zumeist die Patientenseite ist.

Wichtig zu wissen: Es spielt keine Rolle, wie viele Zeugen sich zu einem Sachverhalt äußern oder ob die Mehrheit der Zeugen eine Aussage stützt. Anders als bei einem Fußballspiel ist ein 4:3 noch kein Sieg, auch wenn die eine Partei eine größere Anzahl von Zeugen mobilisieren kann. Es kommt immer auf die Glaubwürdigkeit des einzelnen Zeugen und die Glaubhaftigkeit seiner Aussage an.

Das Prinzip Aussage gegen Aussage spielt auch im Fall von Jakob eine entscheidende Rolle. Was Jakobs Fitness angeht, befindet er sich sicherlich in der Spitzengruppe der über 80-Jährigen. Er ist immer noch eine Erscheinung. Knapp 1,90 Meter groß, ein Bär von einem Mann, überaus aktiv und vital. Zweimal in der Woche schwitzt er in der Sauna – für ihn das beste Mittel, um gesund zu bleiben.

Auch seinen Geist hält er fit. Zum einen als leidenschaftlicher Hobbykoch und zum anderen als ambitionierter Schriftsteller. Er schreibt humorvolle Kurzgeschichten und wird von den Buchhandlungen gern als Autor für Lesungen gebucht.

Jakob fährt in seinem hohen Alter noch Auto. Er wüsste nicht, warum er es lassen sollte, auch wenn ihn seine Töchter schon mehrfach darum gebeten haben, sich nicht mehr hinter das Steuer seines Wagens zu setzen. Ihre Sorgen hat Jakob bisher immer ein wenig belächelt. Einige Monate nach seinem 80. Geburtstag ist Jakob jetzt auch wieder mit seinen Büchern im Gepäck auf dem Weg zu einer Lesung. Es ist später Nachmittag, aus der Dämmerung wird gerader dunkler Abend. Bei diesen Lichtverhältnissen fährt Jakob eigentlich nicht mehr so gern, denn ihm ist durchaus bewusst, dass er dann nur noch schlecht sehen kann. Er kämpft schon seit Jahren mit Nachtblindheit, mittlerweile verschwimmen die Lichter der anderen Autos und der Laternen vor seinen Augen.

Und dann kracht es auch schon.

Jakob fährt zu schnell in eine Kurve, verliert die Kontrolle über seinen Wagen. Dieser überschlägt sich insgesamt fünf Mal und bleibt am Rande einer Landstraße auf dem eingebeulten Dach liegen. Jakob ist für kurze Zeit weggetreten, kommt dann zu Bewusstsein, und der Schock ist erst einmal so groß, dass er über mögliche Schmerzen gar nicht nachdenkt – und zunächst auch keine verspürt.

Aber er ist verletzt, denn Folgendes notieren die Rettungssanitäter in ihrem Einsatzprotokoll: «Patient wach, ansprechbar, Schmerzen im linken Ellenbogengelenk und linken Sprunggelenk, retrograde Amnesie.« Letzteres bedeutet: Jakob kann sich nicht an den Unfallhergang erinnern, auch die Minuten zuvor sind wie in Nebel gehüllt.

Der Volksmund nennt häufig jegliches nichtärztliche Rettungsfachpersonal Rettungssanitäter. Bei einer Nutzung in diesem Sinn wird doch – genau wie bei der noch allgemeineren Bezeichnung »Sanitäter« – selten die tatsächliche Qualifikation der Helfer erfasst. Rettungssanitäter sind für den Rettungsdienst und Krankentransport ausgebildete Personen. In der Ausbildung werden die Grundlagen der Notfallmedizin und Techniken der Rettung schwer verletzter oder erkrankter Personen erlernt. Mithin hat das hier erstellte Einsatzprotokoll in medizinischer und auch juristischer Hinsicht einiges an Gewicht.

Rechtlich erheblich von Bedeutung, auch wenn dies nicht ohne Weiteres erkennbar ist, ist generell die Frage, ob der Geschädigte den Unfall selbst verschuldet hat oder eine dritte Person involviert ist. Grundsätzlich hat nämlich der Unfallverursacher für alle Folgeschäden einzustehen, auch wenn diese durch einen ärztlichen Behandlungsfehler eingetreten sind. Die Gerichte verneinen den haftungsrechtlichen Zurechnungszusammenhang erst, wenn die ärztlichen Sorgfaltspflichten in außergewöhnlich hohem Maße verletzt sind. Was allerdings sehr selten angenommen wird. Deshalb ist es für den Patienten immer einfacher, sich an die Haftpflichtversicherung des Unfallgegners zu halten. Dann braucht er den Behandlungsfehler und den daraus resultierenden Schaden nicht gegenüber dem Krankenhaus nachzuweisen. Aber: Wenn der Unfallverursacher wegen einer Mitverantwortung des Geschädigten nur nach einer Quote für die Unfallfolgen haftet, gilt dies genauso für die Folgeschäden, die das Krankenhaus verursacht. Der behandelnde Arzt und das Krankenhaus haften hingegen für den Behandlungsfehler in vollem Umfang, also auch dann, wenn der Patient durch eigene Schuld oder Mitschuld behandlungsbedürftig geworden ist.

Jakob kann zum Glück ohne größere Anstrengungen aus dem Unfallwagen geborgen werden. Die Rettungskräfte bringen ihn zur Kontrolle in ein nahegelegenes Krankenhaus. Der schriftliche Erstbefund der Notaufnahme ähnelt dem der Ersthelfer: »Patient ist in einem wachen und orientierten Zustand, ohne Bewusstlosigkeit, keine Kopfschmerzen, keine Übelkeit, kein Erbrechen, keine offenen Verletzungen.« Das Röntgenbild des linken Ellenbogens zeigt allerdings eine Fraktur, also einen Bruch. Nicht dokumentiert werden Hinweise auf eine Schädel- beziehungsweise Hirnverletzung.

Die Pupillen werden ebenfalls als unauffällig dokumentiert. Die Halswirbelsäule ist ohne Auffälligkeiten und auch die Durchblutung, die Motorik und die Sensorik zeigen keine Störungen.

Jakob verbringt die Nacht im Krankenhaus. Am nächsten Morgen besucht ihn schon sehr früh seine älteste Tochter. Sie ist noch anwesend, als die ärztliche Visite stattfindet. Und ab hier gehen die Meinungen und Erinnerungen der Beteiligten auseinander. Jakobs Tochter schwört, dass ihr Vater während der Visite über Kopfschmerzen geklagt habe. Der behandelnde Arzt will sich auch nach vier Jahren, die dieser Fall zurückliegt, absolut sicher sein, dass Jakob von Kopfschmerzen nichts erzählt hat. Dokumentiert ist weder das eine noch das andere.

Es erstaunt in Arzthaftungsprozessen doch immer wieder, wie phänomenal gut das Gedächtnis von Ärzten und auch dem sonstigen medizinischen und pflegerischen Personal ist. Mitunter folgen auf den einen konkreten Fall mehrere Tausend andere Patienten, und trotzdem ist die Erinnerung noch so lebhaft wie die an den Restaurantbesuch beim Lieblingsitaliener am Sonntag zwei Tage zuvor – zumindest wenn der eine Patient nach vielen Jahren Schadensersatzansprüche anmeldet. Eine Bewertung und Beurteilung wird an dieser Stelle dem geneigten Leser überlassen.

So unauffällig die Untersuchungen bei Jakob bisher ausgefallen sind, desto heftiger verschlechtert sich am selben Tag noch sein Zustand. Am Nachmittag sitzt Jakob völlig apathisch auf der Bettkante, er schwitzt und reagiert nicht auf die Ansprache des Pflegepersonals. Um diesen besorgniserregenden Zustand abzuklären, wird bei Jakob eine Computertomografie durchgeführt. Auf den Bildern sieht man unter anderem ein frisches subdurales Hämatom. Also eine Schädel-Hirn-Verletzung in Form einer Einblutung zwischen zwei Hirnhäuten. Die akute Form ist immer ein Notfall, die ein umgehendes Handeln zwingend erfordert.

Jakob wird sofort zur Not-OP in den Operationssaal verbracht. Aber die Ärzte können leider nicht mehr verhindern, dass Jakob aufgrund der schweren Großhirnschädigungen in ein Wachkoma fällt. In diesem Zustand verbringt er noch ein gutes Jahr in einem Pflegeheim und verstirbt dann.

Eine Person im Wachkoma führt nur grundlegende automatische Bewegungen wie Atmen, Husten, Gähnen oder Schlucken aus, aber nichts Zielgerichtetes. Manche Patienten erholen sich wieder, doch die meisten sterben innerhalb von sechs Monaten. Ein plötzliches Aufwachen nach vielen Monaten im Koma, wie es manchmal in Filmen dargestellt wird, entspricht keinesfalls der Realität. Insgesamt liegt die Chance auf eine Rückkehr aus dem Wachkoma weit unter 50 Prozent.

Zurück zu den geäußerten oder auch nicht geäußerten Kopfschmerzen und damit der entscheidenden juristischen Fragestellung. Denn, so der gerichtlich beauftragte medizinische Sachverständige in dem von Jakobs Erben angestrengten Prozess: »Sollte Jakob anlässlich der am Tag nach seiner Einlieferung ins Krankenhaus erfolgten Morgenvisite über Kopfschmerzen geklagt haben, so wäre es fehlerhaft gewesen, keine CT-Diagnostik des Schädels durchzuführen. Sollte Jakob bei der Morgenvisite hingegen nicht über Kopfschmerzen geklagt haben, so hätte es keine Indikation und Notwendigkeit gegeben, eine Computertomografie durchzuführen.«

Die CT, die im Laufe des Tages noch durchgeführt wurde, ergab, dass eine traumatische Blutung vorlag. Eine solche wäre, so der Sachverständige im späteren Prozess, »mit an Sicherheit grenzender Wahrscheinlichkeit bei vorliegenden Kopfschmerzen und einer CT-Anfertigung auch bereits am frühen Morgen zutage getreten. Eine Nichtreaktion auf diesen hypothetischen CT-Befund wäre schlechterdings nicht nachvollziehbar gewesen«, also grob fehlerhaft im juristischen Sinne.

In rechtlicher Hinsicht bereitet der Sachverständige damit den Boden für die Annahme eines sogenannten Befunderhebungsfehlers, der stets im Widerstreit zu einem Diagnosefehler steht.

Ein Befunderhebungsfehler ist dann gegeben, wenn die Erhebung medizinisch gebotener Befunde unterlassen wird. Im Unterschied dazu liegt ein Diagnoseirrtum vor, wenn der Arzt erhobene oder sonst vorliegende Befunde falsch interpretiert und deshalb nicht die in seinem Fachbereich gebotenen – therapeutischen oder weiteren diagnostischen – Maßnahmen ergreift.

Die Abgrenzung bereitet in der Praxis bisweilen Schwierigkeiten, ist für den Patienten aber von großer Wichtigkeit.

Während ein Befunderhebungsfehler stets als ein Behandlungsfehler anzusehen ist, gilt dies bei Vorliegen eines Diagnoseirrtums keineswegs uneingeschränkt.

Irrtümer bei der Diagnosestellung kommen in der Praxis nicht selten vor, sind aber oft nicht die Folge eines vorwerfbaren Versehens des Arztes. Die Symptome einer Erkrankung sind nämlich nicht immer eindeutig, sondern können auf die verschiedensten Ursachen hinweisen. Dies gilt auch unter Berücksichtigung der vielfachen technischen Hilfsmittel wie beispielsweise Röntgen, EKG, CT et cetera, die zur Gewinnung von zutreffenden Untersuchungsergebnissen einzusetzen sind.

Wenn ein Befunderhebungsfehler vorliegt, stehen die Chancen für den Patienten deutlich besser. Ein solcher Fehler führt mitunter zu einer Beweislastumkehr hinsichtlich der Kausalität zwischen dem Behandlungsfehler und dem eingetretenen Gesundheitsschaden. Das bedeutet: Der Arzt muss beweisen, dass der Schaden an der Gesundheit des Patienten auch dann eingetreten wäre, wenn der Befund erhoben und somit die richtige Behandlung erfolgt wäre. Diesen Zusammenhang nachzuweisen, wird ihm selten gelingen.

Allerdings gilt die Beweislastumkehr bei unterlassener Befunderhebung beim sogenannten einfachen Befunderhebungsfehler nur, wenn sich bei der gebotenen Abklärung der Symptome mit hinreichender Wahrscheinlichkeit (also einer Wahrscheinlichkeit von mehr als 50 Prozent) ein reaktionspflichtiges positives Ergebnis ergeben hätte und sich die Verkennung dieses Befundes als fundamental oder die Nichtreaktion hierauf als grob fehlerhaft darstellen würde. So die langjährige Rechtsprechung des Bundesgerichtshofs.

Im Gerichtsprozess standen sich die verschiedenen Aussagen zu den Kopfschmerzen (geäußert oder nicht) widerstreitend gegenüber. Ohne die Glaubhaftigkeit final bewertet zu haben, machte das Gericht auf die unklare Beweissituation aufmerksam und sprach durch den Vorsitzenden der Arzthaftungskammer folgende Überlegungen und Anregungen aus: »Es wird gerichtlicherseits dringend zum Abschluss eines Vergleichs geraten. Einerseits ist zu berücksichtigen, dass Jakob seit der Behandlung bis zu seinem Tode die ganze Zeit im Koma lag. Der komatöse Patient ist sicherlich nicht so zu behandeln wie der sofort verstorbene Patient. Allerdings ist bei dem Schmerzensgeld auch zu berücksichtigen, dass wissenschaftlich derzeit nicht erwiesen ist, ob und wie viel ein komatöser Patient mitbekommt. Unter Berücksichtigung dessen dürfte im Vergleichswege unter Berücksichtigung der jeweiligen Risiken ein Schmerzensgeld von 25 000 Euro sinnvoll sein. Hinsichtlich der materiellen Kosten sind die geltend gemachten Beerdigungs- und Heilbehandlungskosten im Wert von 18 590 Euro im Vergleich mit 10 000 Euro zu berücksichtigen, sodass die Vergleichssumme insgesamt bei 35 000 Euro liegt.«

Letztendlich haben beide Prozessparteien diesem Vergleichsvorschlag zugestimmt. Das Verfahren konnte gütlich in erster Instanz beendet werden.

ARZT ALS PATIENT

Ärzte sind die schwierigsten Patienten – ein Klischee, das sich tatsächlich durch Zahlen belegen lässt. So hat eine Umfrage der Universität Los Angeles unter nahezu 4000 Ärzten ergeben, dass jeder zweite Mediziner selbst keinen Hausarzt hat. Zudem sind Mediziner häufig unglücklich verheiratet und psychisch angeschlagen, oft ungeimpft, unsportlich und leben ungesund. Jeder Fünfte betrieb keinen Sport oder andere körperliche Aktivitäten. Und die Hälfte der Ärztinnen unter den Befragten untersuchten ihre Brüste nicht regelmäßig.

Getreu dem Sprichwort »Der Schuster hat die schlechtesten Schuhe« lieferte auch eine Umfrage bei Schweizer Allgemeinmedizinern weitere Nachweise für den nachlässigen Umgang von Ärzten mit ihrer eigenen Gesundheit und für ihre Scheu, Kollegen zu konsultieren.

90 Prozent der Ärztinnen und Ärzte behandelten sich hingegen einfach selbst. 65 Prozent von ihnen gaben sogar an, in den vergangenen sieben Tagen Medikamente genommen zu haben: 34 Prozent griffen zu Schmerzmitteln, 14 Prozent zu Beruhigungsmitteln und 6 Prozent zu Antidepressiva.

In einer anonymen Umfrage unter 790 Hausärzten in Rheinland-Pfalz kam heraus, dass psychische Probleme auch unter Ärzten weit verbreitet sind – und sie sich in einem solchen Fall häufig selbst therapieren. Fast jeder Vierte war demnach depressiv, fast jeder Zehnte räumte ein, eine psychische Erkrankung zu haben. 17 Prozent der Ärzte gaben an, sich deshalb im Verlauf des letzten Jahres selbst mit Psychopharmaka behandelt zu haben.

Viele Ärzte arbeiten, wenn sie krank sind. Der Hauptgrund, weshalb sich Mediziner nur ungern von Kollegen untersuchen lassen, liegt in ihrer felsenfesten Überzeugung: »Die wissen auch nicht mehr als ich.« Sie sind ja selbst Arzt und wissen, dass überall nur mit Wasser gekocht wird. Das Eingeständnis, selbst Hilfe zu benötigen, könnte außerdem als Zeichen von Schwäche und Inkompetenz gewertet werden. Viele glauben, dass Patienten keinen kranken Arzt akzeptieren, sondern dessen Kompetenz anzweifeln würden.

Natürlich können Ärzte, wenn sie sich in Behandlung begeben, auch Opfer von Behandlungsfehlern werden. Das ist Gerald passiert. Gerald ist ein erfahrener Facharzt für Urologie und leitender Oberarzt in einem Klinikum in Nordrhein-Westfalen. Er ist mit vielen Ärzten vernetzt oder sogar befreundet und hat bisher keine außergewöhnlichen Krankheiten gehabt. An einem sonnigen Sonntag im Juli nimmt sich Gerald vor, seinen Vorgarten auf Vordermann zu bringen. Mit einem Fugenkratzer in der Hand macht er sich daran, die Wege vom Unkraut zu befreien. Ein kurzer Moment der Unachtsamkeit führt zu einem folgenschweren Unfall: Der scharfe Rand des Werkzeugs rutscht ab und schneidet in seinen rechten Daumen.

Gerald spürt einen stechenden Schmerz und sieht Blut aus der Wunde laufen. Instinktiv untersucht er seinen Daumen. Bewegung und Sensibilität sind erhalten – er ist erleichtert. Aber Gerald weiß, dass die Verletzung ernsthafte Folgen haben könnte. Seine Frau fährt ihn umgehend in die Notaufnahme des Klinikums, in dem er seit Jahren als leitender Oberarzt tätig ist.

Dort wird er von seinem Kollegen, einem Unfallchirurgen, untersucht. Auch dieser bestätigt, dass weder motorische noch sensible Ausfälle vorliegen. Allerdings wird schnell klar, dass die Verletzung der Behandlung und Fachkenntnisse eines Handchirurgen bedarf. Da im Klinikum kein solcher Facharzt verfügbar ist, stellt Geralds Kollege den Kontakt zur handchirurgischen Abteilung eines anderen Krankenhauses her.

In der aufgesuchten Klinik wird Gerald von einem Facharzt für Orthopädie und Unfallchirurgie empfangen, der sich noch in der Weiterbildung zum Handchirurgen befindet. Um die Zusatzbezeichnung »Facharzt für Handchirurgie« zu erwerben, ist eine zweijährige Weiterbildung im Anschluss an eine der folgenden spezifischen Facharztausbildungen zu absolvieren: Allgemeinchirurgie, Orthopädie und Unfallchirurgie, Kinderchirurgie, Plastische, Rekonstruktive und Ästhetische Chirurgie.

Mit professionellem Interesse untersucht der Facharzt Geralds verletzten Daumen und diagnostiziert eine Eröffnung des Daumengrundgelenks mit Durchtrennung des außenseitigen Seitenbandes. Die Seitenbandruptur des Daumens, im Volksmund auch Skidaumen genannt, ist eine häufige Bandverletzung des Daumens. Durch eine Gewalteinwirkung knickt der Daumen im Grundgelenk nach außen weg und das innenseitige Seitenband zerreißt. Auslöser ist oft ein Sturz auf die Hand mit abgespreiztem überstrecktem Daumen, sehr häufig beim Skifahren, daher der umgangssprachliche Name. Der Arzt empfiehlt eine Operation, um die Stabilität des Gelenks zu sichern.

Bei der Besprechung mit der Anästhesie ist Gerald irritiert. Er wünscht sich eine Plexusanästhesie. So bezeichnet man die regionale Betäubung (Regionalanästhesie) eines Nervengeflechts (Plexus). Das ist ein gängiges Verfahren zur Betäubung des gesamten Arms und wird bei derartigen Operationen regelhaft angewendet. Zwei Mal weist ihn der Anästhesist in scherzhaftem Ton darauf hin, er solle achtgeben, was passieren werde, wenn er tatsächlich die Plexusanästhesie versuchen würde – er habe damit kaum Erfahrung. Er rät Gerald stattdessen zu einer Lokalanästhesie in Form eines Handblocks. In Höhe des Handgelenks verlaufen die drei Hauptnerven für das Gefühl an der Hand dicht unter der Haut. Die örtliche Betäubung eines oder mehrerer dieser Nerven wird als Handblock bezeichnet. Dabei wird eine kleine Menge eines örtlichen Betäubungsmittels in die unmittelbare Nähe eines oder mehrerer der drei Nerven gespritzt. Nach kurzer Wartezeit stellt sich eine Taubheit im Versorgungsgebiet der jeweiligen Nerven ein. Vorteile des Handblocks sind eine zuverlässige Wirkung, die schnell nach der Injektion einsetzt, sowie die geringe notwendige Menge an Betäubungsmittel und damit ein geringes Medikamentenrisiko. Nachteilig ist die auf die Hand begrenzte Wirksamkeit. Die für die Anwendung einer Blutleere (künstlich herbeigeführte Nichtdurchblutung eines Körperteils oder Organs) zur Verfügung stehende Zeit ist allerdings begrenzt. Und genau darauf weist Gerald hin. Die geplante Operation ohne Blutleere macht ihn als erfahrenen Chirurgen stutzig. Wiederholt weist er den Chirurgen darauf hin, dass eine Blutleere die Übersicht und Sicherheit während des Eingriffs erheblich verbessern würde. Dieser beruhigt ihn und versichert, dass dies nicht notwendig sei.

Zwar willigt Gerald irgendwann ein, aber die Operation verläuft in einer angespannten Atmosphäre. Aufgrund ständiger Blutungen ist der Chirurg gezwungen, diese wiederholt zu koagulieren, was bedeutet, dass er beim Eingriff Gewebe durch Verbrennung trennt und so die Blutung stillt. Schließlich wird der Eingriff abgeschlossen und Gerald mit einem Gipsverband und Anweisungen zur Nachsorge entlassen.

Die ersten Wochen nach der Operation zeigen, dass etwas nicht stimmt. Trotz intensiver Physiotherapie und Ergotherapie bleibt die äußere Hälfte des Daumens taub und die Beweglichkeit stark eingeschränkt. Zusätzliche Untersuchungen in spezialisierten handchirurgischen Abteilungen bringen die bittere Erkenntnis: Während der Operation wurde das äußere Gefäßnervenbündel verletzt, was zu einer dauerhaften Sensibilitätsstörung geführt hat.

Anschließend konsultierte Handchirurgen zeigen sich überrascht, dass der Eingriff ohne Blutleere erfolgt ist, da dies bei solchen Operationen als Standard gilt. Eine operative Revision wird zwar in Betracht gezogen, jedoch letztlich wegen eines teilweisen Rückgewinns der Sensibilität abgesagt.

Für Gerald ist der Schaden weit mehr als eine medizinische Komplikation. Seine Arbeit als leitender Oberarzt und Operateur ist massiv beeinträchtigt. Wochenlang kann er keine eigenständigen Eingriffe durchführen und auch der Bereitschaftsdienst ist für ihn unmöglich geworden. Diese Einschränkungen führen zu erheblichen Einkommensverlusten und werfen die Frage auf, ob er seine berufliche Laufbahn in der bisherigen Form überhaupt fortsetzen kann.

Gerald entschließt sich, rechtliche Schritte gegen die Klinik und den operierenden Arzt einzuleiten. Sein Vorwurf: Der Eingriff sei nicht nach den allgemein anerkannten Regeln der medizinischen Wissenschaft durchgeführt worden.

Dies bestätigt auch das Gutachten des im Prozess vor dem zuständigen Landgericht beauftragten Sachverständigen. Dieser führt unter anderem aus: »Die Durchführung der Operation ohne Blutleere entsprach nicht den geltenden Standards. Bei Verletzungen des radialen Seitenbandes am Daumengrundgelenk liegt der speichenseitige Daumennerv in großer Nähe. Dieser ist von großer funktioneller Bedeutung. Deshalb ist es geboten, bestmögliche Übersicht über das Operationsfeld sicherzustellen. Dazu sind zwei Hilfsmittel etabliert und gelten in der Handchirurgie als unabdingbar: die Blutleere und die Lupenbrille.«

Der Sachverständige bestätigt ferner, dass »das gewählte Anästhesieverfahren (Handblock) ebenfalls für den durchgeführten Eingriff nicht standardgemäß gewesen ist, da dieses Anästhesieverfahren eine Blutleere verunmöglicht«.

Nur extrem erfahrene Operateure, so der Sachverständige weiter, könnten sich überhaupt zutrauen, einen solchen Eingriff ohne Blutleere durchzuführen – wobei dies auch nichts an der Tatsache ändere, dass kein Mensch eine geschlossene Oberarmblutleere über 21 Minuten ertrage, wenn nicht sein kompletter Arm betäubt sei.

Bedeutsam ist in diesem Kontext, dass der Sachverständige die unbedingte Verwendung einer Lupenbrille (die aber auch verwendet wurde) anspricht. Dies, obwohl dieser Punkt weder von gerichtlicher noch von klägerischer Seite angesprochen worden ist. Es ist mitunter nicht möglich, alle denkbaren Fehler im Rahmen einer Klageschrift zu benennen. Dies gilt selbst dann, wenn im Vorfeld der gerichtlichen Auseinandersetzung das Gutachten eines Fachmediziners eingeholt worden ist. Denn auch dieser erkennt nicht immer alle maßgeblichen Vorhaltungen. Daher regt der erfahrene Patientenanwalt im Prozess an, der Sachverständige möge sich mit allen in Betracht kommenden Behandlungsfehlern auseinandersetzen, auch wenn diese nicht Gegenstand des klägerischen Vortrags sind. Im Regelfall übernehmen die Gerichte diese Anregung, so auch im Fall von Gerald. Es gibt aber auch Gerichte, die einen solchen Vorschlag mit der Begründung ablehnen, man müsse die Fehler schon konkret benennen. Dabei verkennen sie die mehrfach bestätigte höchstrichterliche Rechtsprechung, wonach in Arzthaftungsprozessen »nur maßvolle Anforderungen an den Patienten und seinen Prozessbevollmächtigten bezüglich der Informations- und Substantiierungspflicht gestellt werden dürfen« (beispielhaft: BGH VI ZR 49/15). »Vom Patienten kann keine genaue Kenntnis der medizinischen Vorgänge erwartet und gefordert werden. Ihm fehlt die genaue Einsicht in das Behandlungsgeschehen und das nötige Fachwissen zur Erfassung und Darstellung des Konfliktstoffs; er ist nicht verpflichtet, sich zur ordnungsgemäßen Prozessführung medizinisches Fachwissen anzueignen. Die Patientenseite darf sich deshalb auf Vortrag beschränken, der die Vermutung eines fehlerhaften Verhaltens der Behandlungsseite aufgrund der Folgen für den Patienten gestattet.« Dies gebietet bereits die sogenannte Waffengleichheit im Prozess und das Erfordernis eines fairen Verfahrens.

Da Gerald glücklicherweise schnell wieder einsatzfähig wurde und auch die Grundverletzung als solche zu einer längeren Dauer der Arbeitsunfähigkeit und damit zu einem Lohnausfall geführt hätte, verständigten sich die Prozessparteien auf einen Vergleichsbetrag von 17 500 Euro zur Abgeltung sämtlicher Schadensersatzansprüche.

Heute, Jahre nach dem Unfall, hat Gerald seinen Alltag neu organisiert. Seine berufliche Leidenschaft für die Chirurgie hat er nicht verloren, doch die Einschränkungen seines Daumens erinnern ihn jeden Tag an die Bedeutung von Sorgfalt und Expertise in der Medizin.

DAS ABGESCHNÜRTE BEIN

Erika ist 63 Jahre alt. Wie so viele muss die Rentnerin leider noch nebenbei arbeiten. Als Putzfrau in Privathaushalten bessert sie ihre schmale Rente ein wenig auf. Sie ist verheiratet mit Klaus, einem selbstständigen Elektroinstallateur. Gemeinsam haben die beiden drei Kinder und mittlerweile sechs Enkelkinder. Für sie ist Erika in vollem Einsatz: Sie ist die Oma, die um die Ecke wohnt, und sie kümmert sich täglich um mindestens eines ihrer Enkelkinder. Das jüngste bringt sie jeden Tag in die Kita. Am Wochenende übernachten oft mehrere Enkelkinder bei ihr und ihrem Mann. Erika liebt es, dass im Haus so viel Action ist. Allerdings fällt es ihr in letzter Zeit immer schwerer, mit den Kindern zu toben. Denn sie hat Schmerzen in der linken Hüfte. Erika tut die Beschwerden lange ab, auch wenn ihre Kinder ständig sagen: »Mama, du musst da was machen lassen.« Ihre Ärztin sieht das genauso. Und an einem Tag im Oktober sind die Schmerzen dann einfach zu stark. Erika wird stationär im Krankenhaus aufgenommen, mit der Diagnose: Coxarthrose.

Unter Coxarthrose versteht man den Verschleiß des Hüftgelenks. Sie betrifft vor allem ältere Menschen. Die Hüfte schmerzt und ist unbeweglich. Im Röntgenbild sieht der Arzt, wie stark das Hüftgelenk beschädigt ist. Im Extremfall ersetzt man es durch eine Prothese.

Genau dieser Eingriff ist auch für Erika geplant: Die Hüft-TEP (Hüft-Totalendoprothese) ist ein Implantat, das das gesamte Hüftgelenk ersetzt. Sie bekommt also das, was landläufig künstliche Hüfte genannt wird.

Während die Kunstgelenke früher zum Teil schon nach zehn Jahren ausgetauscht werden mussten, geht man heute davon aus, dass die modernen Endoprothesen mindestens 20 Jahre stabil im Körper verbleiben.

Die Hüft-TEP-Operation ist nicht völlig risikofrei. Wie bei jeder Operation können auch bei der Implantation einer Hüftprothese Komplikationen auftreten. Dazu zählen allgemeine Risiken wie Infektionen, Bildung von Blutgerinnseln, Nerven- oder Gewebeschäden sowie hoher Blutverlust. Außerdem kann es nach dem Einsetzen des neuen Hüftgelenks zu Schmerzen durch Knochenneubildung (Ossifikation), Verwachsungen und Verkalkungen kommen. Außerdem kann sich die Prothese ausrenken (Luxation) oder frühzeitig lockern.

Was man vielleicht auch noch wissen muss: Patienten sollten nach einer Hüft-OP schnell in Bewegung kommen. In der Regel legen Physiotherapeuten deshalb schon einen Tag nach der Operation Hand an und mobilisieren das künstliche Hüftgelenk mit speziellen Übungen. Dadurch soll die Muskulatur aufgebaut und die Beweglichkeit im neuen Gelenk verbessert werden. Extreme Bewegungen sind aber für einen längeren Zeitraum unter anderem aufgrund der bestehenden Luxationsgefahr zu vermeiden.

Bei Erika ist das erforderliche Maß an Bewegung nicht möglich. Sie wacht gegen Mittag aus der Narkose auf und hat erhebliche Schmerzen. Allerdings überraschenderweise nicht in der Hüfte, sondern sie verspürt ein starkes Brennen im linken Fuß. Diese Schmerzen werden im Laufe des Nachmittags immer schlimmer. Erika möchte einen Arzt sprechen. Der kommt, schaut sich Erikas Fuß und Bein an und ordnet an, den elastischen Wickel entfernen zu lassen. Als das gemacht wird, bemerkt Erika, dass ihr linker Fuß kühler ist als der rechte. Das Bein wird wieder leicht gewickelt. Das Brennen im Fuß wird aber immer schlimmer, woraufhin Erika wieder nach einem Arzt verlangt. Während sie auf ihn wartet, telefoniert Erika mit einer ihrer Töchter und erzählt ihr, dass die Schmerzen kaum auszuhalten seien.

In der Folge wird das Bein von Erika mehrfach ein- und wieder ausgewickelt. An den Schmerzen ändert das nichts. Erika sagt immer wieder, dass ihr Fuß brenne und sich kalt anfühle. Daraufhin bekommt sie lediglich eine zusätzliche Decke über das Bein gelegt.

Die kommende Nacht wird für Erika zur Tortur. Das Brennen in der Fußsohle nimmt zu. Ihr Fuß fühlt sich nach wie vor kalt an. Die behandelnde Ärztin versucht den Zustand weiter mit immer neu angelegten elastischen Wickeln zu bessern. Die Schmerzen werden zu keinem Zeitpunkt erträglicher.

Gegen 1:30 Uhr in der Nacht wird dann dokumentiert, dass es in Erikas linkem Bein Auffälligkeiten bei der Durchblutung gibt. Daraufhin lockert die Ärztin den angelegten Wickel.

Später in der Nacht legt dieselbe Ärztin bei Erika einen Zugang an der rechten Hand (als intravenöser Zugang wird die Punktion einer zentralen oder peripheren Vene bezeichnet und das anschließende Legen einer Venenverweilkanüle). Erika erfährt allerdings nicht, warum der Zugang gelegt wird.

Die nächsten Stunden in dieser Nacht sind quälend für Erika. Die Schmerzen ziehen inzwischen hoch bis ins Knie. Mittlerweile ist da auch dieses Taubheitsgefühl. Erika spürt ihren linken Fuß kaum noch.

Ihr Bein wird in der Nacht immer wieder umgelagert. Die Ferse aus der Umwicklung freigemacht. Irgendwann wird der elastische Wickel komplett entfernt. An Erikas Bein sieht man deutliche Einschnürungen am oberen Sprunggelenk, am Unterschenkel und in der Kniekehle. Jetzt stellt man fest, was Erika schon die ganze Zeit sagt: Der Fuß ist bis zur Mitte des Unterschenkels deutlich kälter und die Sensibilität eingeschränkt – sie spürt wenig.

Man informiert wieder die diensthabende Ärztin. Und die veranlasst im Prinzip, dass der Wickelmarathon weitergeht. Mal wird das Bein gewickelt in einer Schiene gelagert. Dann wechselt man die Schiene gegen ein Kissen aus. Das kalte Bein wird wieder in eine Decke eingewickelt.

So geht es die ganze Nacht. Am Morgen erfolgt die erste Visite. Erika klagt über Schmerzen, die kaum auszuhalten seien. Sie schildert den Ärzten, was in der Nacht alles passiert ist. Dass ihr Fuß brenne, sie Taubheitsgefühle habe. Und sie sagt auch, dass ihr linkes Bein mittlerweile leicht blau verfärbt sei. Daraufhin, so schildert es Erika, habe ein Arzt ihr schmerzendes Bein in die Höhe gerissen und dann abrupt fallen lassen. Sie habe geschrien vor Schmerzen. Das habe auch ihre Enkeltochter gehört, die während der Visite am Telefon gewesen sei.

Erika quält sich jetzt einen halben Tag und eine komplette Nacht unter Schmerzen. Aber auch am zweiten Tag im Krankenhaus passiert rein gar nichts. Sie ruft nach Hilfe. Auch ihre Tochter verlangt, dass die Ärzte doch bitte etwas unternehmen sollen, aber es passiert weiterhin nichts. Es werden keine weiteren Untersuchungen vorgenommen.

Es vergehen ein weiterer Tag und noch eine Nacht mit starken Schmerzen. Diese werden auch vom Krankenhauspersonal dokumentiert. Erst am Vormittag des Folgetages erscheint der Oberarzt. Mittlerweile ist Erikas Fuß gelblich gefärbt. Die Fußsohle stellenweise lila. Sie kann das Bein nicht mehr anheben, die Zehen nicht mehr bewegen, und schließlich lässt sich in Erikas Fuß kein Puls mehr messen.

Erst jetzt wird reagiert: Erika wird mit dem Notarztwagen notfallmäßig in ein anderes Krankenhaus gebracht.

Dort angekommen fällt die Diagnose niederschmetternd aus: akute komplette Beinischämie (als Ischämie bezeichnet man die krankhaft verminderte oder fehlende Durchblutung eines Gewebes infolge mangelnder arterieller Zufuhr von Blut) mit Fuß-Haut-Muskel-Nekrose und Gangrän (dabei handelt sich um das Absterben von Gewebe durch eine länger andauernde Durchblutungsstörung).

Der linke Fuß und Unterschenkel sind bläulich verfärbt. Eine totale Sensibilitäts- und Motorikstörung wird festgestellt. Außerdem diagnostiziert man ein Kompartment-Syndrom (eine krankhafte Druckerhöhung in einem durch eine straffe Muskelfaszie begrenzten Raum, welche mit Schmerzen, Funktionsstörungen, neurologischen Ausfällen und Durchblutungsstörungen einhergehen kann). Und es lässt sich weiterhin im Fuß kein Puls mehr messen.

Erika kommt sofort in den OP. Die Gefäßchirurgin versucht, den Blutfluss in Erikas Unterschenkel wiederherzustellen, und führt eine Thrombektomie durch. Übersetzt: eine mechanische Entfernung eines Blutgerinnsels aus einem Gefäß. In einer weiteren chirurgischen Operation versucht man dann, mit einer Fasziotomie den Druck im Muskelkompartement von Erikas Bein zu entlasten beziehungsweise zu verringern. Letztlich ohne Erfolg, der Blutfluss im Bein lässt sich nicht wiederherstellen.

Jetzt folgt der Schritt, der Erikas Leben vollkommen auf den Kopf stellt. Ihr linkes Bein wird in Höhe des Oberschenkels amputiert.

Seitdem muss sie mit nur noch einem Bein leben. Und dieser Einschnitt hat Einfluss auf verschiedene Bereiche ihres Lebens. Erika hat ständig Albträume, und nicht nur sie leidet psychisch unter dem Geschehenen. Ihre ganze Familie steht unter Schock. Sie können alle nicht vergessen und verarbeiten, wie mit Erika im Krankenhaus umgegangen wurde und wie hilflos sie sich alle gefühlt haben.

Unter anderem dieses nachhaltige Gefühl der Hilflosigkeit hat Erika dazu bewegt, rechtliche Schritte einzuleiten.

Obgleich der Patientenanwalt zunächst an das Krankenhaus herantritt, erfolgt die weitere Korrespondenz ausschließlich mit dem Haftpflichtversicherer, den nahezu jede medizinische Einrichtung hat.

Im Fall von Erika bedurfte es, was für gewöhnlich eher die Ausnahme ist, keines längeren Schriftwechsels. Die Fehlerhaftigkeit des ärztlichen Handelns war schlichtweg evident und es konnte sehr schnell eine Übereinkunft mit dem Haftpflichtversicherer erzielt werden.

Es unter Medizinern allgemein bekannt, dass es verschiedene Anzeichen für eine arterielle Durchblutungsstörung gibt: blasse Haut, Taubheitsgefühle, kalte Extremitäten oder ein kaum fühlbarer Puls. Manchmal können sich Fingerspitzen oder Zehen bläulich verfärben. Auch langsam wachsende Fußnägel, Haarverlust an den Beinen, Muskelschwäche oder schlecht heilende Wunden sind mögliche Symptome – genauso wie Muskelschmerzen in den Beinen, die bei Belastung auftreten und sich in Ruhe wieder bessern.

Eine periphere arterielle Verschlusskrankheit läuft in verschiedenen Stadien ab. Zunächst verursacht die Erkrankung keine Beschwerden. Später können Schmerzen in Waden, Oberschenkel, Gesäß oder Füßen auftreten. Die Beinmuskeln schmerzen bei Belastung, zum Beispiel beim Gehen. Mit zunehmendem Verlauf tun die Beine bereits in Ruhe weh. Auch offene Stellen und nicht heilende Wunden können auftreten. Im schlimmsten Fall kommt es zum vollständigen Verschluss der Arterie – die Folge ist ein Beininfarkt, bei dem Gewebe absterben kann.

All diese Anzeichen und Beschwerden lagen bei Erika erkennbar vor. Dennoch wurde tagelang nicht adäquat gehandelt. Eine kaum verständliche Kette von Fehlern.

Erika erhielt eine Schadensersatzzahlung zum Ausgleich diverser Ansprüche in Höhe von insgesamt 165 000 Euro.

DURCHBOHRT

Von einem auf den anderen Tag hat sich Irenes Leben mit nur 51 Jahren komplett geändert.

Ihre Odyssee beginnt mit Rückenschmerzen. Die quälen sie schon seit ein paar Wochen, Irene stuft sie allerdings als harmlos ein. »Die hat man halt mal.« Sie ist weder gestürzt noch hat sie sich sonst verletzt, deshalb greift sie zu Schmerzmitteln, und die helfen auch erst einmal. Irene ist sich sicher, dass der Schmerz im oberen Rückenbereich schon vergehen wird. Ihr Mann Ralf ist sich da nicht so sicher. Er hatte schon zwei Bandscheibenvorfälle und rät seiner Frau, doch besser zum Arzt zu gehen. Irene ignoriert die Ratschläge ihres Mannes, sie habe gerade keine Zeit für einen Arztbesuch.

An einem Ostersonntag sind die Rückenschmerzen allerdings so heftig, dass die Tabletten nicht mehr helfen. Jetzt sieht auch Irene ein, dass sie Hilfe braucht. Direkt im Anschluss an die Feiertage vereinbart sie einen Termin bei einem niedergelassenen Orthopäden in ihrer Heimatstadt. Glücklicherweise findet dieser bereits zehn Tage später statt. Nach einer umfangreichen klinischen Untersuchung und zusätzlichen Bildgebungen einer radiologischen Praxis empfiehlt der Orthopäde, dass sich Irene in einer spezialisierten Klinik, einem anerkannten Zentrum für Wirbelsäulenchirurgie, vorstellen soll.

Dort wird die Diagnose eines diffusen degenerativen Geschehens an der Halswirbelsäule mit polytoper Schmerzursache diagnostiziert. Polytop bedeutet in der Medizin: an mehreren Stellen des Körpers vorkommend.

Die Behandlung gestaltet sich schwierig. Irenes stationärer Aufenthalt in der Spezialklinik dauert mehrere Wochen. In dieser Zeit werden unzählige konservative Behandlungsmethoden angewendet, die leider nicht zum

Erfolg führen. Irenes Schmerzen im oberen Rücken bleiben. Jetzt teilen ihr die Ärzte mit, dass sie die Beschwerden so nicht lindern können und operieren wollen. Irene hat Angst vor der OP, und die können ihr die Ärzte auch in einem sehr ausführlichen Aufklärungsgespräch nicht nehmen. Sie sagen ihr, dass die Wirbelsäule durch zwei Stützschienen stabilisiert werden müsse und dies in der Klinik einen Routineeingriff darstellen würde. Es vergehe kaum ein Tag, an dem diese Operation nicht durchgeführt werde.

Irene sieht der Operation zwar immer noch mit gemischten Gefühlen entgegen, aber die Aussicht auf eine Verbesserung ihrer Schmerzsituation ermutigt sie dann doch, dem Eingriff zuzustimmen.

Am Vorabend der Operation bekommt sie im Krankenhaus Besuch von ihrem Mann, ihrer Tochter und den beiden Enkelkindern. Alle sprechen Irene noch einmal Mut zu. Die Enkel schenken ihr selbst gemalte Bilder und Tochter Vera verspricht ihrer Mutter, dass alles gut werde, sie bestimmt schon bald wieder alle gemeinsam auf ausgedehnte Wandertouren gehen könnten.

Am nächsten Morgen steht die Operation für Irene um 07:30 Uhr auf dem Krankenhausplan. Als sie gerade vom Pflegepersonal in den Operationssaal gebracht werden soll, kommt die Nachricht, dass es einen Notfall gebe und dieser Vorrang habe. Wie lange es jetzt bis zu ihrer Operation dauern wird, kann ihr das medizinische Personal nicht sagen. Alle sind in Eile.

Mit knurrendem Magen liegt Irene in ihrem Stationsbett und wartet, dass es endlich losgeht.

Mittlerweile ist es 15:30 Uhr am Nachmittag. Irene wartet immer noch in ihrem Bett, es hat sich niemand mehr bei ihr gemeldet. Sie fragt bei der Stationsschwester nach, wann denn endlich ihre Operation anstehe. Aber auch die Stationsschwester kann ihr keine Auskunft geben.

Kurz vor 18:00 Uhr öffnet sich urplötzlich ihre Zimmertür, zwei Pflegekräfte »sausen« auf sie zu – so beschreibt es Irene. Offensichtlich herrscht gerade Hektik, plötzlich geht alles ganz schnell. Man teilt ihr mit, dass sie jetzt sofort in den Operationssaal gebracht und operiert werde. Wie sich zu einem späteren Zeitpunkt herausstellte, war immer noch dasselbe Operationsteam tätig, das auch den Notfall am frühen Morgen versorgt hatte.

Einige Fakten zu Irenes Eingriff: Bei der geplanten Stabilisierungsoperation am Rücken werden üblicherweise die Stützschienen mit Spezialschrauben aus verchromtem Edelstahl fest in der Knochensubstanz verankert.

Bei allen Operationen in diesem sehr sensiblen Bereich ist stets äußerst sorgsam darauf zu achten, dass das Rückenmark nicht beschädigt wird. Aber genau das passiert bei Irene. Die Ärzte verwenden bei dem Eingriff 5,5 Zentimeter lange Spezialschrauben. Diese, so stellt es später der in das Verfahren involvierte fachmedizinische Gutachter fest, waren mehr als einen Zentimeter zu lang und haben das Rückenmark von Irene durchbohrt.

Seit der Operation ist sie nunmehr ein Schwerstpflegefall. Sie leidet an einer Tetraplegie, einer Querschnittslähmung ab dem Wirbel C1 mit einhergehender Blasen- und Mastdarmlähmung.

Die Halswirbelsäule besteht aus sieben Wirbeln, die mit C1 bis C7 durchnummeriert werden. Das »C« steht dabei für Cervix, lateinisch für Hals oder Nacken. C1 ist der oberste Halswirbel, C7 der letzte Halswirbel, bevor die Brustwirbelsäule beginnt.

Irene kann weder ihre Beine noch ihre Arme bewegen. Bereits einige Wochen später ist sie zusätzlich auf eine Beatmungshilfe angewiesen. Nicht nur ihr Leben hat sich dramatisch verändert, sondern auch das ihres Mannes und der Tochter.

In besonderem Maße stimmt bedenklich, dass in der an sich spezialisierten Klinik innerhalb derselben Woche, in der Irene fehlerhaft operiert worden ist, eine weitere Patientin ein nahezu identisches Schicksal erlitten hat. Auch diese ist ab C1 gelähmt und ein weiterer Behandlungsfehler führte zudem zu ihrer Erblindung.

Irenes Fall liegt schon deutlich mehr als zwei Jahrzehnte zurück und ereignete sich noch zu D-Mark-Zeiten. Sie erhielt im sich anschließenden Gerichtsprozess das bis dahin höchste zugesprochene Schmerzensgeld in einer Arzthaftpflichtsache in Deutschland in Höhe von 600 000 Mark.

Immer wieder wird angenommen und auch angesprochen, dass Irene in den USA sicherlich einen Millionenbetrag als Schmerzensgeld erhalten hätte. Aber wäre das tatsächlich so gewesen?

Schmerzensgelder sind in manchen Ländern auch bei »Kleinigkeiten« exorbitant hoch. Aus den USA hört man des Öfteren von grotesken Summen für geringfügige Verletzungen, so beispielsweise in einem häufig in diesem Kontext genannten Urteil, dass einer McDonald's-Besucherin insgesamt 640 000 US-Dollar zugesprochen wurden, weil sie sich an zu heißem Kaffee die Lippen verbrühte.

In Deutschland wird die Vergabe von Schmerzensgeld zurückhaltender gehandhabt, doch auch hier können Betroffene eine Millionensumme erhalten.

Im Juni 2021 urteilte beispielhaft das Landgericht Limburg, dass eine Krankenschwester, ein Belegarzt und das Krankenhaus, in dem sich der Fall ereignete, insgesamt 1 000 000 Euro Schmerzensgeld an ein schwer geschädigtes Kind zu zahlen haben.

Die Rechtsrealität in den USA ist tatsächlich eine andere als die kolportierte. Denn die in Einzelfällen zugesprochenen Schadensersatzbeträge sind nur deswegen mitunter sehr hoch, weil der Schädiger zu einem Strafschadensersatz verurteilt wurde. Dieses Rechtsinstitut des *punitive damage* gibt es in Deutschland nicht.

Losgetreten wurde die Annahme von Amerika als dem Land des grenzenlosen Schadensersatzes vom Fall Stella Liebeck: Jener Frau, die sich vor mehr als zwei Jahrzehnten an einem McDonald's-Kaffee verbrühte und im anschließenden Prozess gegen die Fastfood-Kette eine Millionensumme Schadensersatz eingestrichen haben soll.

Aber: Dieser Millionenbetrag wurde Liebeck nie ausgezahlt. In einem weiteren Verfahren kürzte der zuständige Richter den Betrag auf 640 000 US-Dollar.

Diese Summe ist nicht mit dem deutschen Schadensersatz zu vergleichen. Sie setzt sich aus zwei Komponenten zusammen:

160 000 Euro für *compensatory damages.* Das amerikanische System fasst in diesem Rechtsinstitut die deutschen Äquivalente Schadensersatz

und Schmerzensgeld zusammen, die hierzulande wirtschaftliche oder immaterielle Schäden ausgleichen sollen.

Die übrigen 480 000 Euro wurden Stella Liebeck hingegen für *punitive damages* zugesprochen. Der oder die Beklagte soll in Zukunft davon abgehalten werden, weiteren Schaden zu verursachen. Die Strafe wird über den Schaden des Einzelfalls hinaus bemessen. Die Kläger, wie Liebeck im Fall gegen McDonald's, sind letztlich nur glückliche Nutznießer der Strafzahlung, mit dem Geld werden ihnen keine weiteren Nachteile ausgeglichen.

Und was bei der Benennung der Schadenssumme oftmals nicht mit übermittelt wird: Liebecks Kaffeeunfall war weitaus gravierender als oft berichtet. Das heiße Getränk verursachte Verbrennungen dritten Grades auf den Oberschenkeln der Amerikanerin, nachdem die sich daran verbrüht und den dann immer noch sehr heißen Kaffee auf ihren Schoß gespuckt hatte. 10 000 US-Dollar Behandlungskosten sollen in der Folge angefallen sein, daran schlossen sich zwei Jahre Therapie sowie mehrere Hauttransplantationen an.

Daher: Immer Vorsicht bei Schlagzeilen in großen Lettern! Und nun zurück zum Fall von Irene.

Nachdem der bereits dargestellte Rechtsstreit rechtskräftig abgeschlossen war, ergab sich für Irene ein weiteres, zuvor nicht ins Kalkül gezogenes Problem. Es stellte sich nämlich heraus, dass die Klinik zum Zeitpunkt ihrer Operation über keinen Haftpflichtversicherer verfügte.

Mit der Einfügung des § 95e in das Sozialgesetzbuch V (SGB) im Jahr 2021 wurde erstmals eine Verpflichtung der Vertragsärztinnen und -ärzte gesetzlich festgelegt, sich ausreichend gegen die Haftpflichtgefahren zu versichern, die sich aus ihrer Berufsausübung ergeben. Adressat dieser gesetzlichen Regelung ist die Vertragsärztin und der Vertragsarzt. Damit fällt das Krankenhaus grundsätzlich nicht unter die Versicherungspflicht des § 95e SGB V.

Wenn der niedergelassene Arzt dennoch über keine Haftpflichtversicherung verfügt, muss er persönlich für den Schaden eintreten. Gleiches gilt für den Krankenhausträger. Unabhängig davon, ob es sich um eine natürliche oder eine juristische Person handelt.

Im Fall von Irene war Hauptgesellschafter des Krankenhauses eine Privatperson, die glücklicherweise für die gesamte Schadensersatzzahlung aufgekommen ist.

Dieses Glück kommt Geschädigten allerdings nicht immer zugute. Es gibt Fälle, in denen der niedergelassene Arzt nicht in der Lage gewesen ist, seinen Schadensersatzverpflichtungen nachzukommen, und Insolvenz anmelden musste. In der jüngeren Vergangenheit häuft sich auch der Umstand, dass Krankenhausträger Insolvenz anmelden müssen. Sollte in diesem Fall ein Haftpflichtversicherer von seiner Versicherungspflicht – aus welchen Gründen auch immer – befreit sein, bleibt dem Geschädigten nur, die verantwortliche Ärztin oder den verantwortlichen Arzt persönlich in Anspruch zu nehmen. Denn in einem Insolvenzverfahren ist nicht unbedingt mit einer vollständigen Schadensersatzzahlung zu rechnen, vielmehr mit einer äußerst geringen Zahlung oder sogar einem kompletten Ausfall. Es wäre wünschenswert, dass es einen Direktanspruch gegen den Versicherer geben würde, wie es auch im Kfz-Bereich der Fall ist – ohne dass sich dieser von seiner Leistungspflicht befreien kann.

DER FIXATEUR

Das eigene Zuhause mag gemütlich erscheinen, birgt jedoch einige potenzielle Gefahren. Statistiken zeigen, dass es die Unfallquelle Nummer eins ist. Stürze sind dabei die häufigste Ursache: sich mal eben zum Putzen auf den Rand der Badewanne stellen oder auf einem Hocker balancieren, um Gardinen aufzuhängen oder Fenster zu putzen. Im schlimmsten Fall tragen Sie dabei auch noch rutschige Schuhe mit Absatz und schon ist es passiert. Bei der klassischen Hausarbeit passieren etwa 400 000 Unfälle pro Jahr. An nächster Stelle stehen Schnittwunden: Beim Gemüseschneiden kann das Messer schnell abrutschen, beim Spülen das Weinglas brechen. Knapp hinter Schnittverletzungen folgen Verbrennungen und Verbrühen. Das Heimwerken führt zu rund 250 000 Unfällen pro Jahr. An nächster Stelle steht die Gartenarbeit. Hier kommt es jährlich zu etwa 200 000 Unfällen, besonders im Herbst, wenn nasses Laub zur Rutschgefahr wird.

Bei Kindern belegen Vergiftungen und Stromschläge den ersten Platz in der Unfallstatistik. Nicht gesicherte Steckdosen sind gerade für die Jüngsten eine Gefahrenquelle. Schwere Verletzungen können sich Kinder auch zuziehen, wenn sie Reinigungsmittel oder Medikamente schlucken.

Ein weiterer Bereich, der oft übersehen wird, sind Freizeitunfälle. Ob beim Wandern, Radfahren oder beim Besuch von Freizeitparks – es gibt zahlreiche Möglichkeiten, sich zu verletzen. Fehleinschätzungen, mangelnde Vorbereitung oder unzureichende Sicherheitsvorkehrungen können zu Unfällen führen.

Dass das eigene Zuhause sehr gefährlich werden kann, bekommt auch Anne-Marie zu spüren. Mit ihren 59 Jahren schmeißt sie resolut ihren Haushalt: Rasenmähen, Getränkekisten schleppen, Gardinen aufhängen und vieles andere mehr. Anne-Marie erledigt die Dinge am liebsten in Eigenregie – ohne die Hilfe ihres Mannes. Hans hat in seinem Job als selbstständiger Heizungsinstallateur genug um die Ohren, findet Anne-Marie.

Es ist Ostermontag. Andere würden jetzt die Familie zum großen Osterfestmahl erwarten. Anne-Marie und Hans hingegen haben keine Kinder, keine Verpflichtungen, aber viel Zeit. Und die nutzt Anne-Marie, um die Gardinen zu waschen und aufzuhängen. Als sie die letzte Stufe ihrer Haushaltsleiter erreicht und sich nach vorn beugt, um die Gardinenhäkchen einzufädeln, verliert sie das Gleichgewicht und stürzt zu Boden. Ehemann Hans hört die Hilfeschreie seiner verletzten Frau und ruft umgehend die Notrufnummer 112. (Die einheitliche Telefon-Euronotrufnummer 112 gilt übrigens in allen Mitgliedstaaten der Europäischen Union und der EFTA sowie in Russland, der Ukraine und einigen weiteren Ländern in Europa.)

Eine halbe Stunde später wird Anne-Marie mit dem Rettungswagen ins nächstgelegene Krankenhaus gefahren. Ihr Arm tut weh, die Schmerzen halten sich aber in Grenzen. Anne-Maries Arm wird geröntgt und eine Radiusfraktur links diagnostiziert.

Darunter versteht man einen Knochenbruch der Speiche, je nach Lokalisation der Fraktur unterscheidet man verschiedene Frakturtypen.

Die Ärzte im Krankenhaus entscheiden sich gegen eine operative Frühkorrektur der Radiusfraktur und bringen einen Fixateur externe an, auch äußerer Spanner genannt. Dabei handelt es sich um ein Ungetüm aus Metallstangen oder -rahmen, die von außen mit Schrauben oder Drähten mit dem Knochen verbunden werden, um eine Fraktur ruhigzustellen. Die typischen Indikationen für das Verwenden eines Fixateur externe sind Frakturen, bei denen die Weichteilverhältnisse prekär sind. Dies ist zum Beispiel der Fall bei offenen Frakturen oder bei der Primärversorgung von Patienten mit Polytraumata. Der Fixateur ermöglicht in aller Regel eine frühe Mobilisation, da er die Knochen in der richtigen Position hält, während sie heilen.

Ihren Fixateur trägt Anne-Marie 22 Tage lang, dann wird sie endlich davon befreit. Was passiert in dieser Zeit? Jedenfalls werden Anne-Marie keine genaueren bildgebenden Verfahren verordnet wie beispielsweise eine Computertomografie – man bringt sie lediglich nochmals zur Röntgenkontrolle. Auch nach Entfernung des Fixateur externe erfolgt zunächst keine Computertomografie. Und eine erneute Röntgenkontrolle findet auch erst nach Ablauf von weiteren drei Wochen statt.

In der weiteren Folge entwickelte sich bei Anne-Marie einen Morbus Sudeck. Zunächst ist zu sagen, dass es noch viele andere Bezeichnungen dafür gibt und heutzutage häufiger von einem CRPS gesprochen wird. CRPS kommt aus dem Englischen, eine Abkürzung, die in der Übersetzung »komplexes regionales Schmerzsyndrom« bedeutet. Man findet aber auch die Bezeichnungen »Algodystrophie« oder »Sudeck-Dystrophie« und auch noch weitere.

Wie und warum genau CRPS entsteht, ist bis heute nicht vollständig geklärt. Man weiß aber, dass CRPS nach Frakturen bei etwa 1 bis 2 Prozent der Patienten und nach peripheren Nervenverletzungen sogar bei 2 bis 5 Prozent aller Patienten vorkommt. Frauen sind deutlich häufiger betroffen als Männer, vor allem Menschen zwischen dem 40. und 70. Lebensjahr. Die Erkrankung zeigt sich häufiger an den Armen als an den Beinen. Und das Trauma, das am häufigsten eine CRPS auslöst, ist die distale, also nah am Handgelenk liegende Radiusfraktur. Genau die, die vor 22 Tagen bei Anne-Marie diagnostiziert wurde.

Problematisch ist insbesondere, dass die Symptome des CRPS anfangs oftmals sehr unspezifisch sind und daher in vielen Fällen falsch interpretiert oder vom behandelnden Arzt schlichtweg nicht ernst genommen werden. Es handelt sich bei CRPS um eine Krankheit, nicht um eine bloße Befindlichkeitsstörung. Wenn man jedoch bedenkt, dass die Erkrankung dermaßen an Intensität zunehmen kann, dass schließlich die normale Lebensführung stark bis sehr stark eingeschränkt ist, sollte sie eigentlich im besonderen Maße ernst genommen werden.

Anne-Marie vermutet, dass ihre gesundheitlichen Probleme auf einer fehlerhaften ärztlichen Behandlung beruhen. Daher nimmt sie anwaltliche Hilfe in Anspruch und es wird ein Verfahren vor der zuständigen Schlichtungsstelle der Ärztekammer geführt.

Im Rahmen der Verfahren bei den Gutachterkommissionen und Schlichtungsstellen bei den Ärztekammern kann geklärt werden, ob ein Gesundheitsschaden vorliegt, ob die Behandlung fehlerhaft erfolgt ist und ob der Gesundheitsschaden nachweisbar auf einen Behandlungsfehler zurückzuführen ist.

Unabhängig vom Ausgang des Verfahrens vor der Gutachterkommission und Schlichtungsstelle steht allen Beteiligten stets auch der Klageweg offen. Das Verfahren bei den Gutachterkommissionen und Schlichtungsstellen – also die Begutachtung – ist für Patienten kostenfrei.

Die Verfahren dauern allerdings mitunter sehr lange. Im Fall von Anne-Marie fast zwei Jahre. Dann liegt endlich der abschließende gutachterliche Bescheid vor. Nachdem bereits einige Wochen zuvor das eingeholte Sachverständigengutachten seitens der Schlichtungsstelle übermittelt worden ist.

Der im Fall von Anne-Marie eingeschaltete Gutachter konnte verschiedene Fehler feststellen. Zum einen war die Anlage des Fixateur externe mit nur 22 Tagen deutlich zu kurz bemessen, da zu diesem Zeitpunkt die Frakturstellung immer noch unzureichend war. »Wenn man den Fixateur schon so frühzeitig entfernt (sechs Wochen hätten es mindestens sein müssen), dann hätte zumindest eine frühzeitigere Röntgenverlaufskontrolle erfolgen müssen und nicht erst drei Wochen nach Entfernung des Fixateur externe«, so der Gutachter. Es erfolgte auch vorwerfbar fehlerhaft keine Aufklärung über die Notwendigkeit einer operativen Frühkorrektur der Radiusfraktur.

Der gesundheitliche Schaden von Anne-Marie ist leider erheblich. Sie kann ihre verletzte Hand kaum benutzen. Das Gewebe ist geschädigt. Sie ist in der Bewegung eingeschränkt und eine Besserung der Symptomatik ist bei ihr nicht mehr zu erwarten. Sie musste noch zahlreiche Krankenhausaufenthalte mit Operationen hinter sich bringen und verspürt noch heute ein ständiges Kribbeln in den Fingern der geschädigten Hand, die zudem permanent blau und kalt sind.

Auch im Haushalt ist sie eingeschränkt, da sie alle Arbeiten fast nur mit der gesunden Hand beziehungsweise dem gesunden Arm durchführen kann. Und diese einseitige Belastung macht sich mittlerweile auch negativ bemerkbar: Sie leidet an starken Nacken- und Schulterschmerzen – und die Behandlung mit Massagen und Physiotherapien gehen ins Geld.

Sie kann nicht mehr Radfahren, was sie vor dem Unfall sehr gern gemacht hat. Auch hat sie sich gern und regelmäßig mit Freundinnen zum Essen verabredet – was sie heute immer öfter absagt, weil sie nicht mehr »vernünftig« mit Messer und Gabel essen kann. Sie muss Schmerzmittel nehmen und fühlt sich insgesamt schlecht. Gerade auch, weil sie zunächst als Simulantin hingestellt worden ist. Es hat sie sehr verletzt, nicht ernst genommen zu werden.

Ein Trostpflaster ist da der Umstand, dass mit der Versicherung des beschuldigten Krankenhauses eine außergerichtliche Verständigung möglich gewesen ist. Und zwar auf eine Abfindungszahlung in Höhe von 46 000 Euro. Darin beinhaltet ist ein Schmerzensgeld, ein Ersatz für den entstandenen Haushaltsführungsschaden sowie der Ausgleich eines kleinen Erwerbsschadens.

ABGERUTSCHT

»Ich hab' Rücken« – so seltsam der Satz auch ist, sehr viele Menschen wissen genau, was gemeint ist (spätestens seitdem Hape Kerkeling ihn in seiner Rolle als Horst Schlämmer berühmt gemacht hat). Man spricht auch von der »Volkskrankheit Nummer eins«. Das Robert Koch-Institut formuliert es noch einmal anders: »Rückenschmerzen gehören neben Kopfschmerzen zu den häufigsten Schmerzproblemen, sie schränken die Lebensqualität erheblich ein. Chronische Rückenschmerzen gehören in Deutschland seit Langem zu den größten Gesundheitsproblemen.« Knapp ein Drittel der erwachsenen Bevölkerung und rund ein Fünftel der Kinder und Jugendlichen in Deutschland leiden an Rückenschmerzen.

Evelyn trifft es schlimmer als viele andere: Im Alter von 42 Jahren wurden ihr schon zwei Bandscheibenprothesen im Halswirbelbereich eingesetzt.

Bandscheibenprothesen ersetzen erkrankte Bandscheiben und werden vor allem an der Halswirbelsäule implantiert. Die künstliche Bandscheibe kommt oft zum Einsatz, wenn Bandscheibenvorfälle mit neurologischen Symptomen auftreten, wie Gefühlsstörungen oder Kraftverlust in den Armen. Andere Behandlungsmethoden wie konservative Ansätze, interventionelle Schmerztherapien oder endoskopische Operationen erzielen in solchen Fällen häufig nicht die gewünschten Ergebnisse.

Evelyn arbeitet als Marketingmanagerin in einem mittelständischen Unternehmen, sie bringt mehr als 15 Jahre Berufserfahrung in der Branche mit und lebt mit ihrem Ehemann Thomas und ihren zwei Kindern, Mia (10) und Lukas (7), in einer Kleinstadt. Die Familie verbringt viel Zeit im Freien, geht wandern oder macht Ausflüge ins Grüne. Evelyn legt großen Wert auf eine ausgewogene Work-Life-Balance und versucht, möglichst oft mit ihrer Familie zusammen zu sein, sei es bei gemeinsamen Abendessen oder Wochenendausflügen.

Ihrer Aktivität standen die zunehmenden Rückenbeschwerden jedoch immer häufiger im Weg. Deshalb entschloss sie sich nach reiflicher Überlegung und in Abstimmung mit einem befreundeten Arzt zum Einsatz der Bandscheibenprothesen. Die Operation liegt mittlerweile zehn Jahre zurück. Seitdem ist sie nahezu permanent schmerzfrei. Zumindest bis zum Herbst 2020. Ab da spürt sie einen Schmerz zwischen den Schulterblättern und den Rippen. Zunächst nur tagsüber. In der Folge aber auch in der Nacht. Oft liegt sie stundenlang wach und hört Hörbücher über Kopfhörer, um ihren Mann nicht zu wecken.

Weil nun unser Schlaf in gesundheitlicher Hinsicht so bedeutsam ist, hier ein kleiner Exkurs:

Schlaf spielt eine entscheidende Rolle für verschiedene physiologische und psychologische Prozesse. Im Folgenden einige medizinische Aspekte, die die Wichtigkeit von Schlaf verdeutlichen:

1. Körperliche Erholung: Während des Schlafs durchläuft der Körper verschiedene Phasen, darunter die REM- (Rapid Eye Movement) und die Non-REM-Phase. In diesen Momenten des Schlafs finden wichtige Reparaturprozesse statt, wie zum Beispiel die Regeneration von Gewebe, das Wachstum von Muskeln und die Stärkung des Immunsystems.
2. Hirnfunktion: Schlaf ist entscheidend für kognitive Funktionen wie Gedächtnis, das Lernen und Problemlösungen. Während des Schlafs werden Informationen verarbeitet und im Langzeitgedächtnis gespeichert. Ein Mangel an Schlaf kann zu Konzentrationsstörungen, Gedächtnisproblemen und einer verminderten Leistungsfähigkeit führen.
3. Emotionale Gesundheit: Ausreichender Schlaf ist wichtig für die emotionale Stabilität. Schlafmangel kann zu Stress, Angstzuständen und Depressionen führen. Eine gute Nachtruhe hilft, die Stimmung zu regulieren und emotionale Resilienz zu fördern.

4. Hormonregulation: Schlaf beeinflusst die Produktion verschiedener Hormone, darunter solche, die den Appetit regulieren (zum Beispiel Ghrelin und Leptin). Ein gestörter Schlaf kann zu hormonellen Ungleichgewichten führen, die das Risiko für Übergewicht und Stoffwechselerkrankungen erhöhen.
5. Herz-Kreislauf-Gesundheit: Ausreichender Schlaf trägt zur Aufrechterhaltung eines gesunden Blutdrucks und einer stabilen Herzfrequenz bei. Chronischer Schlafmangel ist mit einem erhöhten Risiko für Herzkrankheiten, Schlaganfälle und andere kardiovaskuläre Probleme verbunden.
6. Immunsystem: Während des Schlafs produziert der Körper Zytokine und Proteine, die wichtig sind für unser Immunsystem. Ein Mangel an Schlaf kann die Immunfunktion beeinträchtigen und das Risiko für Infektionen erhöhen.

Insgesamt ist ausreichender und qualitativ hochwertiger Schlaf entscheidend für das allgemeine Wohlbefinden und die Gesundheit. Die meisten Erwachsenen benötigen zwischen sieben und neun Stunden Schlaf pro Nacht, um optimal zu funktionieren.

Evelyn sucht zur Behandlung ihrer Probleme ihren langjährigen Orthopäden auf. Dessen ärztliche Diagnostik bezieht sich in erster Linie auf die Brustwirbelsäule.

Seine therapeutischen Bemühungen in Form von Schmerzmitteln und Krankengymnastik zeigen leider nicht die erwünschte Wirkung, sodass Evelyn nach einigen Wochen eine Fachklinik aufsucht.

Dort wird festgestellt, dass die Problematik nicht im Bereich der Brustwirbelsäule, sondern im Bereich der Halswirbelsäule zu suchen ist. Konkret sei es so, »dass der Kunststoffkern einer der zwei Bandscheibenprothesen defekt ist, was zur Reizung des umliegenden Gewebes und von Nerven führt«. Um dieses Problem zu beheben, soll Evelyn erneut operiert werden.

Die Operation wird im Frühjahr 2021 durchgeführt. Wie aus dem Operationsbericht hervorgeht, ist die Operationsdiagnose eine Implantatlockerung mit Schmerzen und foraminaler Stenose der Nervenwurzeln. Als Foramen (lateinisch für Loch, Öffnung) bezeichnet man die Nervenaustrittskanäle der Wirbelsäule.

Aus dem Bericht ergibt sich weiter, dass nach der Entfernung einer Distraktionsschraube das Schraubenloch mit Knochenwachs verschlossen wurde. Bei Knochenwachs handelt es sich um ein medizinisches Arzneimittel, das zur Blutstillung verwendet wird. Es ist ein steriles Gemisch aus Bienenwachs und Vaseline und kommt intraoperativ zum Einsatz. Es wird in verschiedenen medizinischen Bereichen verwendet, zum Beispiel in der Kieferchirurgie, der Thoraxchirurgie und der Orthopädie.

»Aufgrund der abfallenden Ebene«, so die Ausführungen im Operationsbericht weiter, »ist der operierende Arzt mit dem Tupfer mit Knochenwachs abgerutscht und hat bedauerlicherweise das Rückenmark komprimiert.«

Die bereits auf einen Fehler hindeutende Formulierung »abgerutscht« findet sich äußert selten in Operationsberichten, auch wenn es mitunter sehr wohl dazu gekommen ist. Fraglich ist, ob diese Ehrlichkeit der operierenden Ärzte im Fall von Evelyn explizit zu loben ist. Oder handelt es sich nicht eigentlich um eine Selbstverständlichkeit? Wünschenswert wäre es zumindest, dass eine solche Ehrlichkeit die Regel wird und nicht die Ausnahme bleibt.

Als Evelyn aus der Narkose erwacht, stellt sie sofort entsetzt fest, dass sie ihre rechte Körperhälfte nicht spürt. Sie ist gelähmt. Auch ihre linke Seite ist betroffen, wenn auch deutlich schwächer.

Der operierende Arzt räumt Evelyn gegenüber sofort ein, dass ihm während der Operation ein Missgeschick passiert sei, welches zur Kompromittierung des Rückenmarks geführt habe. Dadurch sei eine Schwellung des Rückenmarks eingetreten, die für die neurologischen Ausfälle verantwortlich sei.

Evelyn und ihre Familie sind geschockt. Einige Tage später wird sie für anderthalb Monate in eine Rehabilitationsklinik verlegt. Im Anschluss steht eine mehrmonatige Therapie in einer neurologischen Tagesklinik an.

Bis heute ist Evelyn erheblich eingeschränkt. Die Lähmung hat dazu geführt, dass sie heute nur noch kurze Wege ohne Hilfe meistern kann, die meiste Zeit sitzt sie im Rollstuhl. Und auch mit dem kann sie sich nur schwer fortbewegen, denn die nach wie vor bestehende Armlähmung schränkt sie zusätzlich ein – in allen Belangen des täglichen Lebens. An guten Tagen tauscht sie den Rollstuhl gegen einen Rollator oder einen Gehstock, um sich fortzubewegen.

Besonders schwergefallen ist ihr der Auszug aus ihrer Wohnung. Nach fast 20 Jahren musste sie umziehen, weil ihr altes Zuhause im zweiten Stock lag und es dort keinen Fahrstuhl gab. Die Treppen konnte sie in ihrem Zustand nicht mehr bewältigen. Ob sie ihren Beruf künftig wieder ausüben kann, ist überaus fraglich.

Zwar haben sich im weiteren Verlauf einige Funktionen wieder gebessert oder sogar rehabilitiert, aber die Beschwerden sind noch immer erheblich.

Auch die Schmerzsituation belastet Evelyn sehr. Sie hat ständig neuropathische Schmerzen, die bei Anstrengung zunehmen, sich brennend oder kribbelnd anfühlen und sich schnell bis zu einem Schmerzanfall am ganzen Körper steigern können.

Diese Umstände limitieren natürlich auch ihre Arbeiten zu Hause. Alles ist mühsam, zeitraubend und oft mit Frustration verbunden. Evelyns Ehemann übernimmt neben seinem Vollzeitjob jetzt zum Großteil alle im Haushalt anfallenden Aufgaben.

Zum Glück für Evelyn, auch im Hinblick auf einen zermürbenden Rechtsstreit, hatte der Arzt seinen Fehler offen eingeräumt. Das ist selten der Fall und hat die weiteren Schritte erheblich vereinfacht. Der Haftpflichtversicherer des Klinikums war in kürzester Zeit bereit zu einer außergerichtlichen Schadensregulierung. Es wurde ein Schmerzensgeldbetrag im sechsstelligen Bereich gezahlt und die materiellen Schadensersatzansprüche der Vergangenheit – Verdienstausfall, Haushaltsführungsschaden, Medikamentenzuzahlung, Fahrtkosten, et cetera – wurden ausgeglichen.

Auf eine Kapitalabfindung hinsichtlich der künftigen Schadensersatzansprüche wollte sich der Haftpflichtversicherer des Krankenhauses indes nicht einlassen. Evelyn erhält seitdem jeden Monat eine Rentenzahlung in Höhe von 3600 Euro, die im Laufe der Jahre fortwährend angepasst wird.

Im Kontext der Arzthaftung bezieht sich der Unterschied zwischen Kapitalabfindung und Rentenzahlung auf die Art und Weise, wie Schadensersatzansprüche ausgeglichen werden, wenn ein Patient durch einen Behandlungsfehler geschädigt wurde.

1. Kapitalabfindung:
   - Bei einer Kapitalabfindung erhält der Geschädigte eine einmalige Zahlung als Ausgleich für den erlittenen Schaden.
   - Diese Zahlung kann alle Arten von Schäden abdecken, einschließlich medizinischer Kosten, Verdienstausfall und Schmerzensgeld.
   - Der Vorteil ist, dass der Geschädigte sofort über den gesamten Betrag verfügt und ihn nach eigenen Bedürfnissen verwenden kann.

2. Rentenzahlung:
   - Eine Rentenzahlung hingegen erfolgt in Form von regelmäßigen Zahlungen über einen bestimmten Zeitraum oder lebenslang.
   - Diese Art der Zahlung wird häufig gewählt, wenn der Geschädigte aufgrund des Schadens dauerhaft beeinträchtigt ist und eine kontinuierliche finanzielle Unterstützung benötigt.
   - Die Rentenzahlungen können dazu dienen, laufende Kosten zu decken, wie zum Beispiel Pflegekosten oder Einkommensverluste.

Unterschiede in der Anwendung:

- Die Entscheidung zwischen Kapitalabfindung und Rentenzahlung hängt oft von der Schwere der Verletzung, den langfristigen finanziellen Bedürfnissen des Geschädigten und den rechtlichen Rahmenbedingungen ab.
- In einigen Fällen ist auch eine Kombination aus beiden Formen möglich, wobei ein Teil der Zahlung als Kapitalabfindung und ein anderer Teil als Rentenzahlung geleistet wird.

Insgesamt zielen sowohl die Kapitalabfindung als auch die Rentenzahlung darauf ab, den durch ärztliche Fehler verursachten Schaden angemessen auszugleichen. Stets sollte man sich von seinem Anwalt die Vor- und Nachteile bezogen auf den eigenen Fall detailliert erläutern lassen. Denn einmal komplett abgefunden, ist in aller Regel – auch bei einer Verschlechterung des Gesundheitszustandes – kein weiterer Schadensersatz zu erlangen.

GRAUER STAR

Patrick ist 51 Jahre alt und arbeitet als Busfahrer. Sein Beruf ist für ihn mehr als nur ein Job. Es ist eine Möglichkeit, mit Menschen in Kontakt zu treten und ihnen zu helfen, an ihr jeweiliges Ziel zu kommen. In seiner Freizeit verbringt auch Patrick viel Zeit mit seiner Familie. Er hat eine Leidenschaft für das Kochen entwickelt und probiert gern neue Rezepte aus, um seine Lieben zu verwöhnen. Außerdem interessiert er sich für Fußball und feuert seine Lieblingsmannschaft regelmäßig im Stadion an. Kurzum: Patrick ist ein aktiver Typ und immer unterwegs.

Seit einiger Zeit ist er allerdings arbeitsunfähig. Denn er hat Probleme mit den Augen. Diese sind so gravierend, dass ihn seine Augenärztin in eine Augenklinik überweist. Dort schaut man sich erst einmal seine Anamnese an – womit die systematische Erhebung der Krankengeschichte eines Patienten gemeint ist. Dabei werden Informationen über frühere Erkrankungen, aktuelle Beschwerden, den Lebensstil, die familiäre Gesundheitsgeschichte und andere relevante Faktoren gesammelt. Ziel der Anamnese ist es, ein umfassendes Bild des Gesundheitszustands eines Patienten zu erhalten, um eine genaue Diagnose stellen und eine geeignete Behandlung planen zu können. Die Anamnese kann sowohl in einem Gespräch zwischen Arzt und Patient als auch mithilfe von Fragebögen erfolgen. Sie ist ein bedeutender Bestandteil der medizinischen Untersuchung und wichtig, um die individuellen Bedürfnisse und Risiken eines Patienten verstehen zu können.

Bei Patrick sieht die Anamnese folgendermaßen aus: Er hat Diabetes und ist vor zwei Jahren an Darmkrebs erkrankt. Eine schwere Zeit für ihn und seine Familie. Patrick ist zum zweiten Mal verheiratet und hat mit seiner jüngeren Frau Michaela zwei kleine Kinder von sieben und neun Jahren. Der Darmtumor wurde im nahegelegenen Krankenhaus operiert. Anschließend bekam Patrick hochdosiertes Kortison.

Mediziner verwenden Kortison unter anderem zur Behandlung von allergischen Reaktionen, entzündlichen Darmerkrankungen und rheumatischen Erkrankungen. Kortison wird oft in Form von Tabletten, Injektionen oder Cremes verabreicht. Es kann helfen, Symptome wie Schwellungen, Schmerzen und Rötungen zu lindern. Allerdings sollte Kortison nur unter ärztlicher Aufsicht verwendet werden, da es auch Nebenwirkungen haben kann, insbesondere bei langfristiger Anwendung. Dazu gehören Gewichtszunahme, ein erhöhter Blutzuckerspiegel und ein erhöhtes Risiko für Infektionen. Es ist wichtig, die Vor- und Nachteile einer Kortisonbehandlung mit einem Arzt zu besprechen.

Weiterhin ist die richtige Dosierung entscheidend, um unerwünschte Nebenwirkungen zu verhindern. Mediziner von der Rheuma-Abteilung der Charité in Berlin haben deshalb im Jahr 2002 Richtlinien herausgegeben. Demnach gelten weniger als 7,5 Milligramm Kortison am Tag als niedrige Dosis, zwischen 7,5 und 30 Milligramm als mittlere Dosis und bis zu 100 Milligramm als hohe Dosierung. Eine sehr hohe Dosierung beträgt über 100 Milligramm am Tag. Es gibt selbstverständlich auch andere Einstufungen, die sich aber alle in dieser Größenordnung bewegen.

Noch ein wichtiger Punkt: Kortison sollte niemals eigenmächtig oder zu schnell abgesetzt werden, da der Körper sonst Gefahr läuft, unter einem akuten Mangel am Stresshormon Cortisol zu leiden. Das kann sich durch vielfältige Entzugserscheinungen bemerkbar machen: unter anderem durch Durchfall, schlechteres Sehvermögen, Ausschlag, starke Schmerzen oder das Wiederaufflammen von Entzündungen.

Bei Patrick wird in Folge der Behandlung ein grauer Star, medizinisch als Katarakt bezeichnet, diagnostiziert. Eine Erkrankung, die nach wie vor nicht heilbar ist. Beim grauen Star sind in der Regel beide Augen betroffen. Zu den typischen Symptomen gehört eine verschwommene oder vernebelte Sicht. Der graue Star ist weitverbreitet, nicht nur, aber besonders bei älteren Patienten. Etwa ein Fünftel der 65- bis 74-Jährigen leidet daran. Der graue Star kann aber auch durch andere Faktoren wie Verletzungen, bestimmte Krankheiten oder die Einnahme bestimmter Medikamente verursacht werden.

Die Behandlung besteht in der Regel in einer Operation, bei der die trübe Linse entfernt und durch eine künstliche Linse ersetzt wird. Diese Operation gilt als sicher und effektiv und kann das Sehvermögen erheblich verbessern.

Und genau über diese Notwendigkeit einer Katarakt-Operation wird nun mit Patrick in der Augenklinik gesprochen. Zunächst wird eine Augenhintergrunduntersuchung durchgeführt. Dabei finden sich im linken Auge feine Netzhautblutungen, weshalb der Arzt eine beginnende diabetische Retinopathie diagnostiziert. Einfach übersetzt: Infolge des Diabetes, der dem medizinischen Personal im Krankenhaus bekannt ist, haben sich Gefäßveränderungen und Durchblutungsstörungen der Netzhaut entwickelt. Auch das Makulaödem wird aufgeführt – eine Augenerkrankung der Netzhaut (Schwellung der Makula, des zentralen Bereichs der Netzhaut im Auge), die zu Sehstörungen und unbehandelt bis zum Erblinden führt. Das Makulaödem tritt unter anderem nach operativen Eingriffen wie etwa den Katarakt-Operationen auf. Aber auch bei entzündlichen Erkrankungen und einem Venenverschluss.

Eine Woche später erscheint Patrick abermals zu einem Gesprächstermin im Krankenhaus. Diesmal wird er von einem anderen Arzt empfangen, und auch der führt noch einmal eine Augenhintergrunduntersuchung bei ihm durch und stellt verschiedene Punkt- und Fleckblutungen in der Netzhaut beider Augen fest. Dokumentiert sind zahlreiche pathologische Befunde der Netzhaut. Auch dieser Arzt empfiehlt Patrick im Hinblick auf den Grauen Star eine Katarakt-Operation.

Der Arzt klärt Patrick über die unterschiedlichen Linsentypen auf. Er empfiehlt Komfort- beziehungsweise Premiumlinsen, von denen er sich einen besonderen Erfolg verspricht. Der Arzt will Patrick zudem dahingehend aufgeklärt haben, dass die Erfolgsaussichten insgesamt gar nicht so gut seien, weil Patricks Augen durch den Diabetes bereits geschädigt seien. Patrick dagegen behauptet, diese Worte seien im Gespräch gar nicht gefallen. Über die eher schlechte Prognose für die Operation sei er nicht informiert worden.

Patrick willigt, in der Hoffnung auf ein besseres Sehvermögen, in die Operation ein. Diese erfolgt in zwei Schritten. Erst wird sein rechtes Auge operiert. Zehn Tage später folgt das linke.

Zwei Monate später fährt Patrick zur Kontrolluntersuchung in die Augenklinik. Leider fällt das Ergebnis schlecht aus. Der Arzt stellt an beiden Augen ein massives Ödem an der Makula fest, eine Schwellung im hinteren Augenbereich.

Patrick werden zwei Medikamente zur Therapie verschrieben: zum einen »Glaupax«-Tabletten und zum anderen »Nevanac«-Augentropfen. Die Tabletten haben das Ziel, den Augeninnendruck zu senken. Die Augentropfen lindern Augenschmerzen und Entzündungen.

Außerdem dokumentiert der Arzt massive diabetische Netzhautveränderungen. Am linken Auge stellt er Vernarbungen fest. Der Arzt hält eine weitere Operation, eine Laserbehandlung, für sinnvoll. Diese nennt sich YAG-Laser-Kapsulotomie. Die Kapsulotomie ist eine Laserbehandlungsmethode in der Augenheilkunde, die nach Katarakt-Operationen angewendet wird, falls an der Rückfläche einer implantierten Intraokularlinse (Kunstlinse) ein sogenannter Nachstar (Trübung der alten körpereigenen Linsenhinterkapsel) aufgetreten ist. Dieser Operation unterzieht sich Patrick anschließend, um seine Sehkraft vielleicht doch wieder zu verbessern.

Leider passiert genau das Gegenteil: Nach der Operation hat sich sein Sehvermögen weiter verschlechtert. Es folgen mehrere Laserbehandlungen, er bekommt weiter Medikamente und nun auch Injektionsbehandlungen am Auge.

Ab einem gewissen Punkt verliert Patrick das Vertrauen in die behandelnden Ärzte und begibt sich in eine andere Augenklinik, in der man sich auch heute noch um ihn kümmert – nach wie vor in Form von Injektions- und Laserbehandlungen. Zu diesem Zeitpunkt hat Patrick noch eine Sehstärke von 60 Prozent auf dem linken Auge und 40 Prozent auf dem rechten – bezogen auf den Normalwert.

Medizinische Fehler ließen sich diverse feststellen. Unter anderem wurde versäumt, Patrick darüber aufzuklären, dass beim Vorliegen einer diabetischen Retinopathie (Veränderungen an der Netzhaut) das erhöhte Risiko eines postoperativen Makulaödems besteht. Zudem waren, so die Einschätzung eines privat eingeholten Gutachtens eines klinisch tätigen Augenarztes, die verabreichten Glaupax-Tabletten eine ungeeignete Medikation und die Gabe von Nevanac nur unzureichend. Außerdem hätte direkt nach der Diagnose des Makulaödems eine medikamentöse Injektionstherapie in Kombination mit einer speziellen Laserbehandlung erfolgen müssen – das geschah bei Patrick jedoch erst drei Monate später, also deutlich zu spät. Zu guter Letzt wurde bei der Laserbehandlung auch noch der Laser falsch eingestellt, was zu weiteren Schäden führte.

Die Vielzahl der anzulastenden Fehler erkannte auch die Haftpflichtversicherung des beschuldigten Arztes und unterbreitete daher ein Angebot zur außergerichtlichen Schadensregulierung, das mit 5000 Euro die saloppe Bezeichnung »lachhaft« verdient hat.

Dieses Angebot war der Auftakt zu zähen Verhandlungen mit unzähligen Angeboten und Gegenangeboten – zu vergleichen mit dem Gebaren auf einem orientalischen Basar. Letztendlich konnte man sich, auch aus prozessökonomischen Gründen, auf einen eher adäquaten Betrag von 35 000 Euro zur Abgeltung sämtlicher Schadensersatzansprüche verständigen und sich so einen langwierigen Prozess vor Gericht ersparen.

DIE FALLHAND

Fast zehn Millionen Menschen verletzen sich durchschnittlich jedes Jahr durch Unfälle, so die Schätzung der Bundesanstalt für Arbeitsschutz und Arbeitsmedizin. Ein großer Teil der Unfälle geht auf Stürze zurück. Insbesondere im höheren Lebensalter sind nicht selten Frakturen und Krankenhauseinweisungen die Folge eines solchen Unglücks, meldet das Robert Koch-Institut. Aber auch im jüngeren und mittleren Erwachsenenalter sind Stürze recht häufig.

Und so passiert es auch Meike. Sie ist 32 Jahre alt, wohnt auf der kleinen ostfriesischen Insel Spiekeroog. Angst vor Autounfällen hat hier niemand, denn auf der Insel fahren keine Autos. Meike kommt gerade vom Einkaufen, als sie, wie immer, den Gartenzaun mit dem Fuß aufstoßen will. Diesmal allerdings verheddert sich ihr Hosenbein, und sie stürzt auf ihre rechte Schulter. Der Schmerz explodiert, und Meike weiß sofort: »Da ist was kaputt.«

Die Diagnose im Krankenhaus bestätigt ihren Verdacht nach einer Röntgenuntersuchung und einer Computertomografie. Meike hat einen Spiralbruch im rechten Oberarm erlitten. Das bedeutet, dass der Knochen durch Drehkraft gebrochen ist. In der Regel ist jetzt eine Behandlung bestehend aus Operation, Ruhe und Physiotherapie erforderlich. Tatsächlich erfolgt die Operation auch schon am nächsten Tag, wobei eine Metallplatte zur Stabilisierung der Fraktur eingesetzt wird.

Als Meike aus der Narkose erwacht, kann sie die Finger der rechten Hand nicht mehr bewegen und ihr Handgelenk nicht kontrollieren. Das teilt sie ihrer behandelnden Ärztin besorgt mit. Die beschwichtigt und sagt: »Der Nerv ist ein bisschen verärgert, das gibt sich wieder.«

Aber genau das tut es nicht, obwohl Meike unterstützend eine Armschiene bekommt und mit Elektrostimulation behandelt wird. Laut Aufklärungsbogen des Krankenhauses, den Meike unterschrieben hat, kann es bei der Operation zu Nervenschädigungen kommen. Im Entlassungsbrief des Klinikums ist notiert: »Leichtes Kribbeln in der Hand der Patientin, Kraftminderung bei der Streckung der Finger.«

Meike lässt sich von ihrem Hausarzt weiterbehandeln. Der allerdings stellt schnell fest, dass hier irgendetwas nicht richtig ist, und überweist Meike in ein Krankenhaus nach Hamburg. Dort wird eine Fallhand diagnostiziert. Der medizinische Fachbegriff lautet: Radialisparese.

Der Radialisnerv verläuft vom Hals abwärts durch den Arm in die Finger. Dieser Nerv enthält sowohl Fasern, die Sinneseindrücke (sensorische Signale) vom Arm übertragen, als auch Fasern, die Informationen vom zentralen Nervensystem zur Muskulatur (motorische Signale) übertragen.

Der Begriff Parese bezeichnet eine unvollständige Lähmung, und die Radialisparese kann auf unterschiedliche Weise entstehen. Meistens wird der Nerv im Arm eingeklemmt oder geschädigt, zum Beispiel bei einer ungünstigen Schlafposition. Bei Meike allerdings liegt eine schwerwiegendere Schädigung vor, wie die Ärzte in der Hamburger Klinik herausfinden. Dort wird sie ein zweites Mal operiert, und während der Operation sehen die Ärzte, dass der Nerv unter der eingesetzten Metallplatte festgeklemmt wurde. In der Korrektur-OP wird unter anderem eine Nerventransplantation aus Meikes Unterschenkel vorgenommen.

Ein Jahr nach der Operation hat Meike keine Fallhand mehr, aber sie ist weiterhin in ihrer Bewegung eingeschränkt. Sie kann ihr Handgelenk und auch die Schulter nur schlecht drehen, in den Fingern besteht nach wie vor ein Taubheitsgefühl, und sie kann die operierte Hand nicht mehr zu einer Faust schließen. Dazu kommt eine lange und auffällige Narbe, ein Schönheitsmakel.

Mit diesem Zustand will sich die junge Frau nicht abfinden und sucht anwaltliche Hilfe. Nicht ahnend, dass sie erst viele Jahre später eine Entschädigungsleistung im Vergleichswege erhalten wird.

Wie lange wird das Verfahren dauern? Neben der Frage zu den Erfolgsaussichten ist dies die am häufigsten gestellte Frage im anwaltlichen

Erstgespräch, und sie ist weder leicht noch verlässlich zu beantworten. Zunächst kann die Dauer von Verfahren in Arzthaftungsfällen stark variieren und hängt von mehreren Faktoren ab, darunter:

1. Komplexität des Falls: Je komplizierter der Fall ist, desto länger kann das Verfahren dauern. Dies betrifft insbesondere medizinische Gutachten und die Klärung von Fachfragen.
2. Gerichtsbarkeit: Die Dauer kann je nach Gericht (zum Beispiel Amtsgericht, Landgericht, Oberlandesgericht) unterschiedlich sein. Höhere Instanzen haben oftmals längere Verfahrenszeiten.
3. Verfahrensart: Ob es sich um ein Zivilverfahren oder ein Schiedsverfahren handelt, kann ebenfalls Einfluss auf die Dauer haben.
4. Vorbereitung und Beweiserhebung: Die Zeit, die benötigt wird, um Beweise zu sammeln und Gutachten einzuholen, kann erheblich variieren.
5. Verfahrensverzögerungen: Verzögerungen durch Anträge der Parteien, Krankheit von Beteiligten oder andere unvorhergesehene Umstände können ebenfalls die Dauer beeinflussen.

In vielen Fällen kann ein Arzthaftungsverfahren mehrere Monate bis Jahre, in Ausnahmefällen gar ein oder zwei Jahrzehnte in Anspruch nehmen.

Meike musste mehr als sieben Jahre auf eine Entscheidung warten, da das gerichtliche Verfahren nicht in erster Instanz beim Landgericht, sondern erst in zweiter Instanz beim Oberlandesgericht abgeschlossen werden konnte.

Es gibt in zivilrechtlichen Arzthaftungssachen auch noch eine letzte Instanz, nämlich den Bundesgerichtshof in Karlsruhe und dort den VI. Zivilsenat.

Der BGH entscheidet in Arzthaftungssachen in verschiedenen Fällen, insbesondere wenn es um die Revision gegen Urteile der Oberlandesgerichte geht. Das Oberlandesgericht muss die Revision allerdings explizit zulassen – und das ist nur sehr selten der Fall. Es bleibt dann die sogenannte Nichtzulassungsbeschwerde, der aber ebenso selten vom BGH stattgegeben wird. Daher »wölbt sich der blaue Himmel« hinter den allermeisten Entscheidungen der Oberlandesgerichte, wie es der Jurist gern formuliert.

Nichtzulassungsbeschwerden werden unter anderem dann zugelassen, wenn Rechtsfragen von grundsätzlicher Bedeutung zu klären sind oder die Einheitlichkeit der Rechtsprechung zu wahren ist.

In Meikes Fall wurde im Wesentlichen darüber gestritten, ob die postoperative Behandlung der Ärzte fehlerhaft gewesen ist. Die Meinung zweier medizinischer Sachverständiger ging dabei weit auseinander. In der ersten Instanz beim Landgericht urteilte dieses noch: »Die Beklagte hat den gebotenen fachärztlichen Standard unterschritten, indem sie es im Anschluss an die Operation unterließ, weitere Diagnostik vorzunehmen. Dieses Unterlassen stellt einen Behandlungsfehler in Form eines Befunderhebungsfehlers dar. Insbesondere hätten die Ärzte der Beklagten weitere bildgebende Diagnostik vornehmen müssen oder durch Wiederöffnung der Operationswunde sicherstellen müssen, dass der Nerv nicht eingeklemmt oder anderweitig beschädigt war.«

In zweiter Instanz beim Oberlandesgericht sprach der Senat der Auffassung des neuen Gutachters mehr Gewicht zu, ohne ihr aber vollumfänglich folgen zu wollen. Zu guter Letzt blieb die Klärung daher – nach vorläufiger Beratung – offen, sodass das Oberlandesgericht ein Vergleichsangebot unterbreitete. Mit dem Vorschlag einer Schadensersatzzahlung von 55 000 Euro waren beide Parteien einverstanden.

Nervenverletzungen sind in der arzthaftungsrechtlichen Praxis eine nicht selten vorkommende Thematik. Leichtgradige Nervenverletzungen können unter entsprechender konservativer Therapie komplett ausheilen, ohne dass operative Maßnahmen notwendig sind. Bei einer kompletten Nervendurchtrennung jedoch ist regelmäßig die operative Versorgung mit Naht des Nervs erforderlich. Hierzu ist vereinzelt auch eine Exploration (Untersuchung der Wunde in Narkose) der Verletzungswunde sinnvoll, wenn durch die klinische Untersuchung eine Unklarheit verbleibt und der Verdacht auf eine Nervenverletzung vorliegt.

Werden Nervenverletzungen übersehen oder über einen längeren Zeitraum nicht behandelt, kann es zu dauerhaften Schädigungen, Taubheitsgefühlen, Funktionsverlusten durch Muskelschwund und Schmerzen kommen.

Die beste Prognose zur Heilung eines Nervs nach einer Durchtrennung ist gegeben, wenn die operative Versorgung mit primärer Naht des Nervs möglichst innerhalb der ersten sieben Tage erfolgen kann, so die Auffassung der meisten Neurologen.

Die Heilungschancen verringern sich mit zunehmendem Abstand vom Zeitpunkt der Schädigung. Mitunter kann die Heilung bis zu zwei oder mehr Jahre in Anspruch nehmen.

DIE QUERSCHNITTSLÄHMUNG

Es ist der 4. Dezember 2010. Millionen Zuschauer haben es sich zu Hause gemütlich gemacht, um in der ZDF-Show »Wetten, dass..?« prominente Gäste wie Justin Bieber oder Cher zu sehen. Doch dazu kommt es nicht. Stattdessen wird es der Abend, der das Leben von Samuel Koch radikal verändert. Koch ist der erste Wettkandidat. Er will mit Hilfe von Sprungfedern, die er an seinen Füßen befestigt hat, über fünf fahrende Autos springen. Es ist eine der spektakulärsten Wetten in der Geschichte der Sendung und Moderator Thomas Gottschalk ist die Anspannung deutlich anzumerken. Es geht auch gut los. Der erste Versuch funktioniert, den zweiten bricht Koch ab. Über das dritte Auto springt er wieder ohne Probleme. Dann kommt Wagen Nummer vier. Am Steuer: Samuels Vater. Samuel setzt zum Sprung an, prallt mit dem Kopf gegen das Dach des Autos und schlägt mit voller Wucht auf den Hallenboden auf – vor den Augen von Familie und Freunden, die zur Unterstützung in die Düsseldorfer Messehalle gereist waren. Während die Sendung zunächst unter- und später abgebrochen wird, kommt Koch schwerverletzt in die Uniklinik Düsseldorf. Die schlimme Diagnose: Tetraplegie. Vom Hals abwärts gelähmt.

Sein Zustand ist bis heute unverändert, aber Samuel lebt sein Leben, so gut es geht. Er ist verheiratet und arbeitet als Schauspieler, sowohl im Film als auch auf der Theaterbühne.

Vielen ist das Schicksal von Samuel Koch bekannt. Und jeder wird sich schon die Frage gestellt haben: Was würde ich in so einer Situation tun? Würde ich überhaupt weiterleben wollen?

In Deutschland leben ungefähr 140 000 Menschen mit einer Querschnittslähmung. Jahr für Jahr kommen infolge von Unfällen und Erkrankungen circa 2400 neu Betroffene hinzu. Über 40 Prozent der Erkrankungen der Wirbelsäule sind auf Infektionen, Tumore, Metastasen oder entzündliche Erkrankungen des zentralen Nervensystems zurückzuführen. Ein Großteil an neuen Querschnittslähmungen, die jedes Jahr in Deutschland auftreten, gehen zudem auf Unfälle und Verletzungen, also auf Traumata zurück. Mediziner sprechen dann von traumatischen Querschnittslähmungen. Relativ häufig sind auch Fahrrad- und Motorradunfälle, Verletzungen beim Sport, etwa beim Skifahren, sowie Stürze aus größerer Höhe.

Brüche und Quetschungen an der Wirbelsäule, die durch diese Verletzungen auftreten, führen dann zu Schäden am Rückenmark. Nervenstränge werden abgeklemmt oder zerstört, der Informationstransport zwischen Gehirn und Körperregionen wird eingeschränkt.

Doch auch verschiedene Erkrankungen können das Rückenmark angreifen und eine nichttraumatische Querschnittslähmung verursachen. Das ist häufiger bei älteren Menschen der Fall – und tritt aufgrund der alternden Gesellschaft inzwischen immer öfter auf.

In vielen Fällen ist für nichttraumatische Querschnittslähmungen die Multiple Sklerose (MS) verantwortlich. Bei der Autoimmunkrankheit beschädigt das eigene Immunsystem das Nervensystem. Im Laufe der Krankheit kann es passieren, dass der Körper auch das Rückenmark angreift und so Lähmungen verursacht.

Mitunter kommt es aber auch bei Operationen, insbesondere im Wirbelsäulenbereich, zu Rückenmarksverletzungen. Zumeist schicksalhaft bedingt – aber manchmal auch durch ärztliche Versäumnisse. So wie bei Georg. Sein Leben ändert sich mit 52 Jahren vollständig von einem Tag auf den anderen.

Alles beginnt mit plötzlich auftretenden Schmerzen im Rücken sowie Schwierigkeiten beim Gehen. Bereits der am Abend konsultierte Notarzt stellt, ohne bildgebendes Verfahren, die vorläufige Diagnose »Bandscheibenvorfall«. Aber was bedeutet dieser medizinische Begriff überhaupt, von dem vermutlich jeder schon einmal gehört hat?

Ein Bandscheibenvorfall, medizinisch auch als Diskusprolaps oder Bandscheibenprolaps bezeichnet, ist eine Erkrankung der Wirbelsäule, bei der der innere Gallertkern einer Bandscheibe durch einen Riss im äußeren Faserring austritt. Dies kann zu Druck auf die umliegenden Nervenwurzeln oder das Rückenmark führen und verschiedene Symptome verursachen.

Ein Bandscheibenvorfall kann durch verschiedene Faktoren verursacht werden:

- Alterungsprozess: Mit zunehmendem Alter verlieren die Bandscheiben an Elastizität und Wassergehalt, was sie anfälliger für Risse macht.
- Überlastung: Wiederholte Belastungen oder falsches Heben schwerer Gegenstände können zu einem Vorfall führen.
- Verletzungen: Akute Verletzungen durch Stürze oder Unfälle können ebenfalls einen Vorfall auslösen.
- Genetische Veranlagung: Manche Menschen haben eine genetische Prädisposition für Bandscheibenprobleme.

Die Symptome eines Bandscheibenvorfalls können variieren, abhängig von der Lage des Vorfalls und davon, ob Nerven betroffen sind. Häufige Symptome sind beispielsweise:

- Schmerzen: Lokale Rückenschmerzen oder Schmerzen, die in Arme oder Beine ausstrahlen (Ischias).
- Taubheit oder Kribbeln: Sensibilitätsstörungen in den betroffenen Extremitäten.
- Schwäche: Muskelschwäche in den Beinen oder Armen.
- Bewegungseinschränkungen: Schwierigkeiten beim Bücken, Drehen oder Heben.

Die meisten Menschen mit einem Bandscheibenvorfall erholen sich mit konservativen Behandlungen innerhalb von Wochen oder womöglich einigen Monaten. In einzelnen Fällen können auch chronische Schmerzen oder wiederkehrende Probleme auftreten. Eine frühzeitige Diagnose und geeignete Behandlung sind im Regelfall entscheidend für eine gute Prognose.

Daher sucht Georg bereits einen Tag später das örtliche Krankenhaus mit der vom Notarzt gestellten Diagnose Bandscheibenvorfall auf. Er hat mittlerweile zunehmende Schmerzen in der linken Leiste, die in die linke Gesäßhälfte und in den linken Oberschenkel ausstrahlen.

Nach Fertigung einer Röntgenaufnahme wird zunächst versucht, mit einer zweitägigen Spritzentherapie die Beschwerden zu beheben. Erfolglos. Deshalb entschließen sich die Ärzte zu einer Myelografie. Die Myelografie ist ein invasives, bildgebendes Verfahren an der Wirbelsäule, das der weiterführenden Diagnostik bei Einengungen des Wirbelkanals oder der Nervenaustrittskanäle dient. Die dadurch gewonnenen Erkenntnisse veranlassen die Mediziner, Georg eine Operation vorzuschlagen, die bereits am nächsten Tag durchgeführt wird.

Nach dieser Operation tritt ein brennender, unerträglicher Schmerz im gesamten rechten Bein auf. Zudem hat Georg kein Gefühl mehr in den Beinen unterhalb der Knie und des Gesäßes.

Er bekommt starke Schmerzmittel, die jedoch keinerlei Wirkung zeigen. Auch auf weitere Gabe von noch stärkeren Schmerzmitteln erfolgt keine Besserung, sondern vielmehr eine Verschlimmerung.

Georg wird nochmals, diesmal notfallmäßig operiert. Nach dieser Operation, bei der Bandscheibenreste und ein Hämatom, das auf den Spinalkanal drückte, entfernt werden, sind die unerträglichen Schmerzen und Ausfälle in den Beinen noch immer nicht besser.

Am Folgetag erfolgt daher eine weitere vierstündige Notoperation. Am späten Nachmittag dieses Tages erleidet Georg einen Kreislaufzusammenbruch. Es erfolgt eine Versorgung mit Blutkonserven, und Georg wird auf die Intensivstation gebracht.

Erst einen Tag später wird Georg auf die periphere Station, also die Normalstation, zurückverlegt. Ihm wird erläutert, dass ein wiederholter Bluterguss an der Operationsstelle aufgetreten sei und er erneut operiert werden müsse. Die OP erfolgt umgehend, und es wird wiederum Bandscheibenmaterial entfernt.

Danach wird ihm erklärt, dass durch das verbliebene Bandscheibenmaterial die Nerven im Spinalkanal gereizt seien. Diese Symptomatik werde aber rückläufig sein. Nervenverletzungen oder Verletzungen des Spinalkanals gebe es glücklicherweise nicht.

Die Ärzte erklären Georg, er solle lieber ein noch spezialisierteres Krankenhaus mit neurologischer und nicht »nur« orthopädischer Fachabteilung aufsuchen. Diesem Rat folgt Georg zwei Tage später – er lässt sich in ein nicht weit entferntes Krankenhaus verlegen. Dort erfolgt noch am Einlieferungstag eine weitere OP, bei der sich herausstellt, dass immer noch Blutreste, Bandscheibenmaterial, Knochenreste und weitere Verunreinigungen im Bereich der Wirbelsäule vorhanden sind.

Zudem wird intraoperativ festgestellt, dass es im Rahmen der bisherigen Operationen zu Rissen der Dura (harte Hirnhaut) in Höhe der Wirbel L2/3 gekommen ist, also des zweiten und dritten Wirbels der Lendenwirbelsäule. Sowohl im Bereich des Duralsacks als auch am Wurzelabgang der L3-Wurzel ist die Dura verletzt. Hierdurch bedingt kommt es zum Austritt von Liquor (Nervenwasser).

Die Duraverletzung mit daraus resultierendem Verlust von Liquor ist eine der häufigsten, wenn nicht die häufigste Komplikation bei Operationen an der Wirbelsäule beziehungsweise am Spinalkanal.

Zusätzlich stellt man im Rahmen der Operation im spezialisierten Krankenhaus fest, dass im Bereich des Bandscheibenfachs durchtrennte Faszikel (Nervenfasern) vorliegen. Eine einzige Katastrophe.

Georg ist infolge der grob fehlerhaften Behandlung querschnittsgelähmt. Es besteht eine Lähmung beider Beine unterhalb der Knie. Der Fußheber (Streckmuskulatur des Unterschenkels) an beiden Beinen funktioniert nicht mehr. Er hat kein Gefühl in den Beinen. Der Schließmuskel am Penis öffnet nicht, wodurch eine Katheterisierung erforderlich ist. Der Schließmuskel am After öffnet ebenfalls nicht. Er hat starke Schmerzen in den Füßen.

Georg ist weder über etwaige Behandlungsalternativen noch über die eingetretenen Risiken (Querschnittslähmung und Lähmung der Blasen- und Darmfunktion) aufgeklärt worden.

Die Aufklärungspflicht umfasst nicht nur die Risiken der geplanten Operation, sondern auch die Information über gleichwertige konservative Behandlungsalternativen. Insbesondere bei einer relativen Operationsindikation, bei der mehrere gleichwertige Behandlungsoptionen existieren, muss der Patient über alle Möglichkeiten informiert werden.

Ansonsten ist die Wahl der Behandlungsmethode Sache des Arztes. Über alternative Behandlungstechniken oder intraoperative Schnittführungen muss der Arzt den Patienten grundsätzlich nicht aufklären.

In der Praxis am bedeutsamsten und mit den größten Schwierigkeiten verbunden ist die Aufklärung über mögliche vorübergehende oder dauerhafte Nebenfolgen eines Eingriffs, die auch bei Anwendung größter ärztlicher Sorgfalt schicksalhaft auftreten können. Auch hier – im Rahmen der Risikoaufklärung – muss der Patient weitestgehend aufgeklärt werden. Der Arzt hat dem Patienten dabei ein Bild von Schwere und Richtung des Risikospektrums zu vermitteln. Komplikationsraten, also die Häufigkeit, mit der Komplikationen auftreten, spielen eine eher untergeordnete Rolle bei der Frage, ob über ein Risiko aufzuklären ist oder nicht. Auch äußerst seltene Risiken sind dem Patienten mitzuteilen, wenn sie eine schwere Belastung für dessen weitere Lebensführung darstellen, dem Eingriff spezifisch anhaften und für den Laien überraschend sind. Dabei gilt: Je dringlicher ein Eingriff ist, desto geringer sind die Anforderungen an die Aufklärung. Andererseits erhöhen sich die Anforderungen an den Inhalt der Aufklärung, je gefährlicher oder risikobehafteter der Eingriff ist.

Der juristische Fortgang im Fall von Georg spiegelt beinahe beispielhaft das mittlerweile übliche Prozedere in Medizinschadensfällen wider, die ein gewisses Schadenvolumen in sich tragen: Je höher die angedachten und tatsächlich adäquaten Schadensersatzansprüche sind, umso eher muss der Patient davon ausgehen, dass es nicht zu einer außergerichtlichen Verständigung mit der Behandlerseite kommen wird. Zumeist werden diese Fälle nicht in der ersten Instanz entschieden. Der Versicherer, der zwar nicht direkt verklagt werden kann, aber dennoch Herr des Verfahrens ist, setzt darauf, dass der Patientenseite schlichtweg das Geld ausgeht, der Mut versagt, die Nerven zerbersten oder der Patient verstirbt und die Erben sich über die Fortführung des Prozesses uneinig sind. Leider ist dies so in aller Deutlichkeit zu sagen.

In Georgs Fall wurden insgesamt drei medizinische Gutachten eingeholt. Davon zwei Privatgutachten. Eines, vom Versicherer in Auftrag gegeben, sprach sich für das Krankenhaus aus und vermochte keine Fehler zu erkennen. Eines, von Georg initiiert, sah hingegen etliche grobe Behandlungsfehler. Da auch das Gutachten des gerichtlich bestellten Sachverständigen mehrere Fehler bestätigte, kam das Landgericht als erstinstanzliches Gericht nicht umhin, der Schadensersatzklage stattzugeben. Die Versicherung war mit dieser Entscheidung allerdings nicht einverstanden und legte Berufung ein. Aber auch das Oberlandesgericht sah die Duraverletzungen als nicht schicksalhaft eingetreten, sondern als ärztlicherseits fehlerhaft verursacht an, sodass es im Endeffekt zu einer im Vergleichswege ausgehandelten Kapitalabfindung von 600 000 Euro gekommen ist.

DIE AUTOREN

Dr. Peter Gellner, geboren 1966, ist Fachanwalt für Medizinrecht und vertritt seit nahezu drei Jahrzehnten ausschließlich Patienten im Arzthaftungsrecht. Er ist Co-Autor zahlreicher Fachbücher, darunter *Kunstfehler in der Medizin* und *Geburtsschadenrecht.* Als Experte war und ist er Gast in unzähligen TV-Formaten. Er ist zudem unternehmerisch und als Manager tätig und betreibt gemeinsam mit Tanina Rottmann den erfolgreichen Podcast *Tatort Krankenhaus.*

Tanina Rottmann, geboren 1974, ist seit 1996 Radiomoderatorin und die Stimme von Radio Gütersloh. Sie hat ein Kochbuch geschrieben und moderiert nebenbei Veranstaltungen jeglicher Art. Mit dem Patientenanwalt Peter Gellner spricht sie im Podcast *Tatort Krankenhaus* über ärztliche Behandlungsfehler und ihre rechtlichen Folgen. Außerdem ist sie regelmäßig Gast im bekannten True-Crime-Podcast *Verbrechen von nebenan.*